Die 95 Thesen
und andere Schriften

Martin Luther

Die 95 Thesen
und andere Schriften

Voltmedia

ISBN 978-3-86763-602-5

Gesamtherstellung: CPI Moravia Books s.r.o., CZ
Einbandgestaltung: Oliver Wirth, Paderborn
http://www.voltmedia.de

Inhaltsverzeichnis

95 Thesen

Aus rechter wahrer Liebe und sonderlichem Fleiß (ohne einig Gesuch eiteler Ehre etc.), die Wahrheit an den Tag zu bringen, will der Ehrwürdige Vater Martin Luther, Augustiner zu Wittenberg, der freien Künste und Heiligen Schrift Magister etc., durch Gottes Gnade folgende Sprüche vom Ablass handeln, davon disputieren, verteidigen und erhalten, wider Bruder Johann Tetzel, Predigerordens: Bittet derhalben die, so gegenwärtig sich mit ihm davon nicht unterreden können, wollten solches abwesend durch Schrift tun etc. Im Namen unseres Herrn Jesu Christi, Amen.

1 Da unser Meister und Herr Jesus Christus spricht: Tut Buße etc., will er, dass das ganze Leben seiner Gläubigen auf Erden eine stete oder unaufhörliche Buße sein soll.

2 Und kann noch mag solch Wort Buße nicht vom Sakrament der Buße, das ist von der Beichte und Genugtuung, so durch der Priester Amt geübt wird, verstanden werden.

Jedoch will er nicht allein verstanden haben die innerliche Buße; ja die innerliche Buße ist nichtig und keine Buße, wo sie nicht äußerlich allerlei Tötung des Fleisches wirkt. 3

Währet derhalben Reue und Leid, das ist wahre Buße, so lange einer Missfallen an sich selber hat, nämlich bis zum Eingang aus diesem in das ewige Leben. 4

Der Papst will noch kann keine andere Pein erlassen außerhalb derer, die er seines Gefallens oder laut den Kanones, das ist päpstlichen Satzungen, aufgelegt hat. 5

Der Papst kann keine Schuld vergeben, nur allein sofern, dass er erkläre und bestätige, was von Gott vergeben sei; oder aber, dass er es tue in den Fällen, die er sich vorbehalten hat. Welche Fälle, sie verachtet würden, so bliebe die Schuld ganz und gar unaufgehoben oder unerlassen. 6

Gott vergibt keinem die Schuld, den er nicht zugleich, durchaus wohl gedemütigt, dem Priester, seinem Statthalter, unterwerfe. 7

8 *Canones poenitentiales*, das ist die Satzungen, wie man beichten und büßen soll, sind allein den Lebendigen aufgelegt und sollen nach Laut derselben Satzungen den jetzt Sterbenden nicht aufgelegt werden.

9 Daher tut uns der Heilige Geist wohl am Papst, dass der Papst allewege in seinen Dekreten oder Rechten ausnimmt den Artikel des Todes und die äußerste Not.

10 Die Priester handeln unverständig und übel, die den sterbenden Menschen *Poenitentias canonicas*, das ist auferlegte Buße ins Fegefeuer, daselbst denselben genug zu tun, sparen und behalten.

11 Dieses Unkraut, dass man die Buße oder Genugtuung, so durch die Kanones oder Satzungen aufgelegt ist, in des Fegefeuers Buße oder Pein sollte verwandeln, ist gesät worden, da die Bischöfe geschlafen haben.

12 Vor Zeiten wurden *Canonicae poenae*, das ist Buße oder Genugtuung für begangene Sünden, nicht nach, sondern vor der Absolution auferlegt, um zu prüfen, ob Reue und Leid rechtschaffen wäre.

Die Sterbenden tun für alles genug durch ihren Tod oder Absterben und sind dem Recht der Kanones oder Satzungen abgestorben und also billig von derselben Auflage entbunden. 13

Unvollkommene Frömmigkeit oder unvollkommene Liebe dessen, der jetzt sterben soll, bringt notwendig große Furcht mit sich; ja wie viel die Liebe geringer ist, so viel ist die Furcht desto größer. 14

Diese Furcht und Schrecken ist an ihr selbst und allein, dass ich anderer Dinge schweige, dazu genug, dass sie des Fegefeuers Pein und Qual anrichte, dieweil sie der Angst der Verzweiflung ganz nahe ist. 15

Hölle, Fegefeuer und Himmel scheinen gleichermaßen unterschieden zu sein, wie die rechte Verzweiflung, unvollkommene oder nahe Verzweiflung und Sicherheit voneinander unterschieden sind. 16

Es scheint, als müsse im Fegefeuer, gleichwie die Angst und Schrecken an den Seelen abnimmt, also auch die Liebe an ihnen wachsen und zunehmen. 17

18 Es scheint auch unbewiesen zu sein, weder durch gute Ursachen noch durch die Schrift, dass die Seelen im Fegefeuer außer dem Stande des Verdienstes oder des Zunehmens an der Liebe seien.

19 Es scheint auch dies unerwiesen zu sein, dass die Seelen im Fegefeuer ihrer Seligkeit gewiss und unbekümmert seien, ob wir schon des ganz gewiss sind.

20 Derhalben meint noch versteht der Papst nicht, durch diese Worte „vollkommene Vergebung aller Pein", dass insgemein allerlei Pein vergeben werden, sondern meint die Pein allein, die er selbst auferlegt hat.

21 Derhalben irren die Ablassprediger, die da sagen, dass durch des Papstes Ablass der Mensch von aller Pein los und selig werde.

22 Ja, der Papst erlässt keine Pein den Seelen im Fegefeuer, die sie hätten in diesem Leben laut der Kanones sollen büßen und bezahlen müssen.

Ja, so irgendeine Vergebung aller Pein jemand kann gegeben werden, ist's gewiss, dass die allein den Vollkommensten, das ist den gar wenigen, gegeben werde. 23

Darum muss der größere Teil unter den Leuten betrogen werden durch die prächtige Verheißung ohne alle Unterschiede, dem gemeinen Mann eingebildet von bezahlter Pein. 24

Gleiche Gewalt, wie der Papst hat über das Fegefeuer, durchaus und insgemein; so haben auch ein jeder Bischof und Seelsorger in seinem Bistum und Pfarrei insbesondere oder bei den Seinen. 25

Der Papst tut sehr wohl daran, dass er nicht aus Gewalt des Schlüssels (den er nicht hat), sondern durch Hilfe oder fürbittweise den Seelen Vergebung schenkt. 26

Die predigen Menschentand, die da vorgeben, dass sobald der Groschen, in den Kasten geworfen, klingt, von Stund an die Seele aus dem Fegefeuer fahre. 27

28 Das ist gewiss, alsbald der Groschen im Kasten klingt, dass Gewinn und Geiz kommen, zunehmen und größer werden; die Hilfe aber oder die Fürbitte der Kirche steht allein in Gottes Willen und Wohlgefallen.

29 Wer weiß, ob auch alle Seelen im Fegefeuer wollen erlöst sein, wie man sagt, dass es mit St. Severino und Paschalis sei zugegangen?

30 Niemand ist dessen gewiss, dass er wahre Reue und Leid genug habe; viel weniger kann er gewiss sein, ob er vollkommene Vergebung der Sünden bekommen habe.

31 Wie selten einer ist, der wahrhaftige Reue und Leid habe, so selten ist auch der, der wahrhaftig Ablass löst, das ist, es ist gar selten einer zu finden.

32 Die werden samt ihren Meistern zum Teufel fahren, die vermeinen, durch Ablassbriefe ihrer Seligkeit gewiss zu sein.

Vor denen soll man sich sehr wohl hüten und vorse- 33
hen, die da sagen: des Papstes Ablass sei die höchste
und werteste Gottesgnade oder Geschenk, dadurch
der Mensch mit Gott versöhnt wird.

Denn die Ablassgnade sieht allein auf die Pein der 34
Genugtuung, welche von Menschen aufgesetzt ist
worden.

Die lehren unchristlich, die vorgeben, dass die, so da 35
Seelen aus dem Fegefeuer oder Beichtbriefe wollen lö-
sen, keiner Reue noch Leides bedürfen.

Ein jeder Christ, so wahre Reue und Leid hat über sei- 36
ne Sünden, der hat völlige Vergebung von Pein und
Schuld, die ihm auch ohne Ablassbriefe gehört.

Ein jeder wahrhaftige Christ, er sei lebendig oder tot, 37
ist teilhaftig aller Güter Christi und der Kirche, aus
Gottes Geschenk, auch ohne Ablassbriefe.

Doch ist des Papstes Vergebung und Austeilung mit- 38
nichten zu verachten. Denn, wie ich gesagt habe, ist sei-
ne Vergebung eine Erklärung göttlicher Vergebung.

39 Es ist über die Maßen schwer, auch den allergelehrtesten Theologen, zugleich den großen Reichtum des Ablasses und dagegen die wahre Reue und Leid vor dem Volk zu rühmen.

40 Wahre Reue und Leid sucht und liebt die Strafe; aber die Mildigkeit des Ablasses entbindet von der Strafe und macht, dass man ihr gram wird, am wenigsten, wenn dazu Gelegenheit besteht.

41 Vorsichtiglich soll man von dem päpstlichen Ablass predigen, dass der gemeine Mann nicht fälschlich dafürhalte, dass er den anderen Werken der Liebe werde vorgezogen oder besser geachtet.

42 Man soll die Christen lehren, dass es des Papstes Gemüt und Meinung nicht sei, dass Ablasslösen mit irgendeinem Werke der Barmherzigkeit in irgendetwas sollte zu vergleichen sein.

43 Man soll die Christen lehren, dass, der dem Armen gibt oder leiht dem Dürftigen, besser tut, denn dass er Ablass löst.

Denn durch das Werk der Liebe wächst die Liebe und der Mensch wird frömmer; durch den Ablass aber wird er nicht besser, sondern allein sicherer und freier von der Pein oder Strafe. 44

Man soll die Christen lehren, dass der, so seinen Nächsten sieht darben und dessen ungeachtet Ablass löst, der löst nicht des Papstes Ablass, sondern ladet auf sich Gottes Ungnade. 45

Man soll die Christen lehren, dass sie, wo sie nicht übrig reich sind, schuldig sind, was zur Notdurft gehört, für ihr Haus zu behalten und mitnichten für Ablass zu verschwenden. 46

Man soll die Christen lehren, dass das Ablasslösen ein frei Ding sei und nicht geboten. 47

Man soll die Christen lehren, dass der Papst, wie mehr er eines andächtigen Gebetes bedarf, also desselben mehr begehre denn des Geldes, wenn er Ablass austeilt. 48

49 Man soll die Christen lehren, dass des Papstes Ablass gut sei, sofern man sein Vertrauen nicht darauf setzt, dagegen aber nichts Schädlicheres, denn so man dadurch Gottesfurcht verliert.

50 Man soll die Christen lehren, dass der Papst, so er wüsste der Ablassprediger Schinderei, lieber wollte, dass St. Peters Münster zu Pulver verbrannt würde, denn dass es sollte mit Haut, Fleisch und Bein seiner Schafe erbaut werden.

51 Man soll die Christen lehren, dass der Papst, wie er schuldig ist, also auch sein eigenes Geld, wenn auch schon St. Peters Münster dazu sollte verkauft werden, den Leuten austeilen würde, welche doch etliche Ablassprediger jetzund selbst ums Geld bringen.

52 Durch Ablassbriefe vertrauen selig zu werden, ist ein nichtig und erlogen Ding, obgleich der Kommissarius (oder Ablassvogt), ja der Papst selbst, seine Seele dafür zu Pfand wollte setzen.

53 Das sind Feinde Christi und des Papstes, die von wegen der Ablasspredigt das Wort Gottes in anderen Kirchen zu predigen ganz und gar verbieten.

Es geschieht dem Wort Gottes unrecht, wenn man in einer Predigt gleich so viel oder mehr Zeit aufwendet, den Ablass zu verkündigen, als auf das Wort Gottes. 54

Des Papstes Meinung kann nicht anders sein, denn so man den Ablass (was das Geringste ist) mit Einer Glocke, Einem Gepränge und Zeremonien begeht, dass man dagegen und viel mehr das Evangelium (welches das Größte ist) mit hundert Glocken, hundert Geprängen und Zeremonien ehren und preisen solle. 55

Die Schätze der Kirche, davon der Papst den Ablass austeilt, sind weder genugsam genannt noch bekannt bei der Gemeinde Christi. 56

Denn dass es nicht leibliche, zeitliche Güter sind, ist daher offenbar, dass viele Prediger dieselben nicht so leichtlich hingeben, sondern allein aufsammeln. 57

Es sind auch nicht die Verdienste Christi und der Heiligen: denn diese wirken allezeit, ohne Zutun des Papstes, Gnade des innerlichen Menschen und Kreuz, Tod und Hölle des äußerlichen Menschen. 58

59 St. Laurentius hat die Armen, so der Kirche Glieder sind, genannt die Schätze der Kirche, aber er hat das Wörtlein genommen, wie es zu seiner Zeit im Brauch war.

60 Wir sagen aus gutem Grund, ohne Frevel oder Leichtfertigkeit, dass dieser Schatz seien die Schlüssel der Kirche, durch das Verdienst Christi der Kirche geschenkt.

61 Denn es ist klar, dass zu Vergebung der Pein und vorbehaltener Fälle allein des Papstes Gewalt genug ist.

62 Der rechte wahre Schatz der Kirche ist das heilige Evangelium der Herrlichkeit und Gnade Gottes.

63 Dieser Schatz ist billig der allerfeindseligste und verhassteste; denn er macht, dass die Ersten die Letzten werden.

64 Aber der Ablassschatz ist billig der allerangenehmste; denn er macht aus den Letzten die Ersten.

Derhalben sind die Schätze des Evangelii Netze, da 65
man vorzeiten die reichen, wohlhabenden Leute mit
gefischt hat.

Die Schätze aber des Ablasses sind die Netze, mit 66
denen man in jetziger Zeit die Reichtümer der Menschen fischt.

Der Ablass, den die Prediger für die größte Gnade 67
ausrufen, ist freilich für große Gnade zu halten; denn
er großen Gewinn und Nutzen trägt.

Und ist doch solcher Ablass wahrhaftig die allergeringste 68
Gnade, wenn man's gegen die Gnade Gottes
und des Kreuzes Gottseligkeit hält oder vergleicht.

Es sind die Bischöfe und Seelsorger schuldig, des apostolischen 69
Ablasses Kommissarien mit aller Ehrerbietung zuzulassen.

Aber vielmehr sind sie schuldig, mit Augen und Ohren 70
aufzusehen, dass dieselben Kommissarien nicht anstatt
päpstlichen Befehls ihre eigenen Träume predigen.

71 Wer wider die Wahrheit des päpstlichen Ablasses redet, der sei ein Fluch und vermaledeit.

72 Wer aber wider des Ablasspredigers mutwillige und freche Worte Sorge trägt und sich bekümmert, der sei gebenedeit.

73 Wie der Papst diejenigen billig mit Ungnade und dem Bann schlägt, die zum Nachteil des Ablassgeschäfts auf irgendeinem Weg handeln.

74 So viel mehr trachtet er, auf die Leute Ungnade und Bann zu schütten, die unter dem Schein des Ablasses zum Nachteil der heiligen Liebe und Wahrheit handeln.

75 Des Papstes Ablass so groß halten, dass er einen absolvieren oder von Sünden losmachen könnte, wenn er gleich (unmöglicherweise zu reden) die Mutter Gottes geschwächt hätte, ist rasend und unsinnig sein.

76 Dagegen sagen wir, dass des Papstes Ablass nicht die allergeringste tägliche Sünde könne hinwegnehmen, so viel die Schuld derselben belangt.

Dass man sagt, St. Peter, wenn er jetzt Papst wäre, vermöchte nicht größeren Ablass zu geben, ist eine Lästerung wider St. Peter und den Papst. 77

Dawider sagen wir, dass auch dieser und ein jeder Papst größeren Ablass hat, nämlich das Evangelium, Kräfte, Gaben, gesund zu machen usw. 1 Kor 12. 78

Sagen, dass das Kreuz, mit des Papstes Wappen herrlich aufgerichtet, vermöge so viel als das Kreuz Christi, ist eine Gotteslästerung. 79

Die Bischöfe, Seelsorger und Theologen, die da gestatten, dass man solche Worte vor dem gemeinen Mann reden darf, werden Rechenschaft dafür müssen geben. 80

Solche freche und unverschämte Predigt und Ruhm vom Ablass macht, dass es auch den Gelehrten schwer wird, des Papstes Ehre und Würde zu verteidigen vor derselben Verleumdung oder ja vor den scharfen, listigen Fragen des gemeinen Mannes. 81

82 Als nämlich: Warum entledigt der Papst nicht alle Seelen zugleich aus dem Fegefeuer, um der allerheiligsten Liebe willen und von wegen der höchsten Not der Seelen, als der allerbilligsten Ursache; so er doch um des allervergänglichsten Geldes willen, zum Bau St. Peters Münster, unzählig viel Seelen erlöst, als von wegen der losesten Ursache?

83 Item: Warum bleiben die Begängnisse und Jahreszeiten der Verstorbenen stehen, und warum gibt er nicht wieder oder vergönnt wieder zu nehmen die *Beneficia* oder Pfründen, die den Toten zu gut gestiftet sind, so es nunmehr unrecht ist, für die Erlösten zu beten?

84 Item: Was ist das für eine neue Heiligkeit Gottes und des Papstes, dass sie den Gottlosen und dem Feind ums Geldes willen vergönnen, eine gottesfürchtige und von Gott geliebte Seele zu erlösen, und wollen doch nicht vielmehr, um der großen Not derselben gottesfürchtigen und geliebten Seele willen, sie aus Liebe umsonst erlösen?

85 Item: Warum die *Canones poenitentiales*, das ist die Satzungen von der Buße, nun längst in ihnen selbst mit der Tat und durch Nicht-Gebrauch, abgetan und tot, noch mit Geld gelöst werden, durch Gunst des Ablasses, als wären sie noch ganz kräftig und lebendig?

Item: Warum baut jetzt der Papst nicht lieber St. Pe- 86
ters Münster von seinem eigenen Geld denn von der
armen Christen Geld, weil doch sein Vermögen sich
höher erstreckt denn keines reichen Crassi Güter?

Item: Was erlässt oder teilt der Papst seinen Ablass de- 87
nen mit, die schon durch vollkommene Reue zu einer
vollständigen Vergebung und Ablass berechtigt sind?

Item: Was könnte der Kirche mehr Gutes widerfah- 88
ren, denn wenn der Papst, wie er's nur einmal tut, also
hundertmal am Tag jedem Gläubigen diese Verge-
bung und Ablass schenkte?

Weil auch der Papst der Seelen Seligkeit mehr durch 89
Ablass denn Geld sucht: warum hebt er denn auf und
macht zunichte die Briefe und Ablass, die er vormals
gegeben hat, so sie doch gleich kräftig sind?

Diese der Laien sehr spitzige Argumente allein mit 90
Gewalt wollen dämpfen und nicht durch angezeigten
Grund und Ursache auflösen, heißt die Kirche und
den Papst den Feinden zum Verlachen darstellen und
die Christen unselig machen.

91 Derhalben so der Ablass nach des Papstes Geist und Meinung gepredigt würde, wären diese Einreden leichtlich zu verantworten, ja sie wären nie vorgefallen.

92 Mögen derhalben alle die Prediger hinfahren, die da sagen zu der Gemeinde Christi: Friede, Friede! und ist kein Friede. (Hes 13,10–16)

93 Denen Predigern aber müsste allein es wohlgehen, die da sagen zu der Gemeinde Christi: Kreuz, Kreuz! und ist kein Kreuz.

94 Man soll die Christen ermahnen, dass sie ihrem Haupt, Christo, durch Kreuz, Tod und Hölle nachzufolgen sich befleißigen.

95 Und also mehr durch viel Trübsal ins Himmelreich zu gehen (Apg 14,22), denn dass sie durch Vertröstung des Friedens sicher werden.

Luthers Schreiben an Albrecht, Erzbischof von Mainz,

in welchem er ihn bittet, den unverschämten Ablasskrämern Einhalt zu tun und ihm zugleich seine Thesen mitsendet

31. Oktober 1517

Dem hochwürdigsten Vater in Christo, dem durchlauchtigsten Herrn, Herrn Albrecht, der Kirche zu Magdeburg und Mainz Erzbischof, Primas, Markgrafen zu Brandenburg etc., meinem gnädigsten Herrn und Hirten in Christo, in Demut und Gehorsam zu fürchten.

Jesus

Gottes Gnade und Barmherzigkeit, und was ich vermag und bin. Hochwürdigster in Gott Vater, durchlauchtigster Kurfürst! Eure Kurfürstliche Gnaden halten mir gnädiglich zugute, dass ich, unter anderen Menschen der geringste und unwerteste, so vermessen bin, dass ich mich unterwunden habe, einen Brief an Euer Hochwürden in den Sinn zu nehmen. Der Herr Jesus ist mein Zeuge, dass mir nicht unbewusst, wie gering und verachtet ich bin; derhalben ich auch eine lange Zeit mein Schreiben verzogen habe, welches ich jetzt mit dreister Stirn vornehme zu vollbringen. Dazu hat mich vornehmlich bewegt mein treuer Dienst, den ich, hochwürdigster Vater in Christo, Euer Kurfürstlichen Gnaden zu leisten mich schuldig erkenne. Euer Hochwürden wollte indes ein gnädig

Auge auf mich, der ich Erde und Asche bin, haben, und mein Begehr nach Ihrer und der bischöflichen Sanftmut gnädiglich verstehen und vernehmen.

Es wird im Land umhergeführt der päpstliche Ablass unter Euer Kurfürstlichen Gnaden Namen und Titel zum Bau des St. Peters Münsters zu Rom, darin ich nicht so fest strafe und beschuldige der Ablassprediger groß Geschrei, das ich nicht gehört habe, als den falschen Verstand, welchen das Volk daraus schöpft und den sie dem groben Volk allenthalben hoch rühmen. Dieses sonderlich tut mir weh und kränket mich, nämlich dass die unseligen Leute sich bereden lassen und glauben, wenn sie Ablassbriefe lösen, dass sie gewiss und sicher seien ihrer Seligkeit. Ingleichen, dass die Seelen ohne Verzug aus dem Fegefeuer fahren, sobald sie für sie in den Kasten einlegen. Weiter, dass dieser Ablass so kräftig, dass keine Sünde so groß kann sein (ja, wie sie lästerlich davon reden, wenn's auch möglich wäre, dass einer die hochgelobte Mutter Gottes geschwächt hätte), sie könnte erlassen und vergeben werden. Item, dass der Mensch durch diesen Ablass frei und loswerde von aller Pein und Schuld.

Ach, lieber Gott! solchergestalt werden die armen Seelen unter Eurer Hochwürden Sprengel und Sorge, lieber frommer Vater, zum Tod, nicht zum Leben unterwiesen, und wird von Euch eine gar strenge und schwere Rechenschaft, die immer wächst und größer wird, für diese Seelen alle gefordert werden. Derhalben habe ich solches länger nicht verschweigen können. Denn der Mensch wird durch keines Bischofs Amt oder Werk seiner Seligkeit versichert, weil er auch durch Gottes eingegossene Gnade nicht versichert wird, sondern es befiehlt uns der Apostel, allezeit mit Furcht und Zittern zu schaffen, dass wir selig werden. Auch der Gerechte wird kaum erhalten. Endlich ist der Weg, der zum Leben führt, so eng und schmal, dass der Herr, durch die Propheten Amos und Zacharias die, so da sollen selig werden, einen Brand nennt, der aus dem Feuer gerissen wird. Auch verkündigt der Herr hin und wieder, wie schwer es sei, selig zu werden.

Wie machen sie denn also durch jene falschen Fabeln und nichtigen Verheißungen vom Ablass das Volk sicher und ohne Furcht? Da doch der Ablass den Seelen nichts nützt, viel weniger hilft, dass der Mensch dadurch gerecht und selig werde, sondern nur die äußerliche Pein oder Strafe wegnimmt, die man ehemals nach den Kanones aufzulegen pflegte.

So sind auch die Werke der Gottseligkeit und Liebe unendlich viel besser denn der Ablass, und werden doch dieselben weder mit solcher Pracht noch mit so großem Fleiß gepredigt; ja sie müssen geschwiegen und ungepredigt dem Ablass weichen, dass nur derselbe ausgerufen und hoch gerühmt werde, während doch aller Bischöfe vornehmliches und einiges Amt ist, dass das Volk das Evangelium und die Liebe Christi lerne. So hat auch Christus nirgends befohlen, den Ablass zu predigen, allein das Evangelium zu predigen hat er nachdrücklich befohlen. Welch ein Gräuel ist es daher, welche Gefahr für einen Bischof, der, während das Evangelium geschwiegen wird, nichts anderes denn den Ablass mit großem Gepränge gestattet unter sein Volk zu bringen, und sich um denselben mehr als um das Evangelium bekümmert! Wird nicht Christus zu ihnen sagen: „Die ihr Mücken seihet und Kamele verschluckt"?

Zudem, hochwürdigster Vater in dem Herrn, bleibt es dabei nicht, sondern in der Instruktion der Kommissarien, die unter Eurem Namen, hochwürdigster Vater, ausgegangen ist, wird angezeigt (ohne Zweifel, hochwürdigster Vater, ohne Euer Wissen und Willen), dass der vornehmsten Gnaden eine diese unschätzbare Gabe Gottes sei, dadurch der Mensch mit

Gott versöhnt und alle Strafen des Fegfeuers ausgetilgt werden. Ingleichen, dass die Reue denjenigen nicht nötig sei, welche Seelen oder Beichtbriefe lösen.

Aber was soll und kann ich anderes tun, hochwürdigster Bischof und durchlauchtigster Kurfürst, denn dass ich Euer Hochwürden durch den Herrn Jesum Christum bitte, Sie wollen doch ein Auge väterlicher Sorge auf diese Sache haben, und dasselbe Büchlein allerdings wegtun, auch den Ablasspredigern eine andere Weise oder Form zu predigen befehlen, dass nicht vielleicht dermaleins sich einer hervortue, der durch herausgegebene Bücher sowohl sie als auch jenes Buch widerlege, zur höchsten Schmach Eurer durchlauchtigsten Hoheit, dafür mir wahrlich sehr graut, und doch besorge, dass es geschehen möchte, wo der Sache nicht eilend geraten werde.

Diesen meinen geringen, doch treuen Dienst wollen Eure durchlauchtigste Gnaden geruhen, auf fürstliche und bischöfliche Art, das ist gnädigst anzunehmen, wie ich denselben mit ganz treuem Ew. Hochwürden ganz und gar ergebenen Herzen erzeige. Denn auch ich bin ein Teil Eurer Herde. Der Herr Jesus behüte und bewahre Euer Hochwürden in Ewigkeit, Amen. Gegeben zu Wittenberg 1517, am Abend vor Allerheiligen.

So es Ew. Hochwürden gefällig ist, können Sie diese meine Disputationen ansehen, auf dass Sie vernehmen, wie die Meinung vom Ablass gar eine ungewisse Sache sei, davon den Ablasspredigern träumt, als wäre sie ganz gewiss.

Euer Kurfürstlicher Gnaden unwürdiger Sohn
Martinus Luther, Augustiner,
berufener Doktor der heiligen Gottesgelehrtheit

An den christlichen Adel deutscher Nation

Von des christlichen Standes Besserung

Mit der Zuschrift an L. Nik. von Amsdorf.

Den 20. Juni 1520

Zuschrift

Jesus

Dem Achtbaren und Würdigen Herrn, Herrn Nikolaus von Amsdorf, der Heiligen Schrift Lizentiat und Domherrn zu Wittenberg; meinem besondern günstigen Freund.

Gnade und Friede Gottes zuvor, Achtbarer, Würdiger, lieber Herr und Freund!

1 Die Zeit des Schweigens ist vergangen und die Zeit zu reden ist kommen, als Ekklesiastes (der Prediger) sagt, Kap. 3,7. Ich habe unserem Vornehmen nach zusammengetragen etliche Stücke, christliches Standes Besserung belangend, dem christlichen Adel deutscher Nation vorzulegen; ob Gott wollte doch durch den Laienstand seiner Kirche helfen; sintemal der geistliche Stand, dem es billiger gebührte, ist ganz unachtsam geworden. Sende das alles Eurer Würde, dasselbe zu richten und, wo es nottut, zu bessern. Ich bedenke wohl, dass mir's nicht wird unverwiesen bleiben, als vermesse ich mich zu hoch, dass ich verachteter, begebener Mensch

solche hohe und große Stände darf anreden in so trefflichen großen Sachen, als wäre sonst niemand in der Welt denn Doktor Luther, der sich des christlichen Standes annehme und so hoch verständigen Leuten Rat gebe.

2 Ich lasse meine Entschuldigung anstehen, verweise mir's, wer da will; ich bin vielleicht meinem Gott und der Welt noch eine Torheit schuldig, die habe ich mir jetzt vorgenommen, so mir's gelingen mag, redlich zu bezahlen und auch einmal Hofnarr zu werden. Gelingt mir's nicht, so habe ich doch einen Vorteil, darf mir niemand eine Kappe kaufen noch den Kamm bescheren. Es gilt aber, wer dem anderen die Schellen anknüpft. Ich muss das Sprichwort erfüllen: Was die Welt zu schaffen hat, da muss ein Mönch dabei sein, und sollte man ihn dazu malen. Es hat wohl mehrmals ein Narr weislich geredet, und haben vielmals weise Leute gröblich genarrt, wie Paulus sagt, 1 Kor 3,18: „Wer da will weise sein, der muss ein Narr werden."

3 Auch dieweil ich nicht allein ein Narr, sondern auch ein geschworener Doktor der Heiligen Schrift, bin ich froh, dass sich mir die Gelegenheit gibt, meinem Eid eben in derselben Narren Weise genug zu tun. Ich bitte, wollet mich entschuldigen bei den mäßig Verständigen, denn der Überhochverständigen Gunst und Gnade weiß ich nicht zu verdienen, welche ich so oft mit so großer Mühe gesucht, nun fort auch nicht mehr haben noch achten will. Gott helfe uns, dass wir nicht unsere, sondern allein seine Ehre suchen, Amen. Zu Wittenberg im Augustinerkloster, am Abend St. Johannis Baptistae, im 1520. Jahr.

D. Martinus Luther

Jesus

Der Allerdurchlauchtigsten, Großmächtigsten Kaiserlichen Majestät und christlichem Adel deutscher Nation,

D. Martin Luther.

1 Gnade und Stärke von Gott zuvor. Allerdurchlauchtigster, gnädigste liebe Herren! Es ist nicht aus lauter Vorwitz noch Frevel geschehen, dass ich einiger armer Mensch mich unterstanden, vor Euern hohen Würden zu reden. Die Not und Beschwerung, die alle Stände der Christenheit, zuvor Deutschland, drückt, nicht allein mich, sondern jedermann bewegt hat, vielmals zu schreien und Hilfe begehren, hat mich auch jetzt gezwungen zu schreien und rufen, ob Gott jemand den Geist geben wollte, seine Hand zu reichen der elenden Nation. Es ist oft durch Konzilien etwas vorgewandt, aber durch etlicher Menschen List behändiglich verhindert und immer ärger geworden; welcher Tücke und Bosheit ich jetzt, Gott helfe mir, zu durchleuchten gedenke, auf dass sie erkannt, hinfort nicht mehr so hinderlich und schädlich sein möchten. Gott hat uns ein junges edles Blut zum Haupt gegeben, damit viele Herzen zu großer guter Hoffnung erweckt; daneben will sich's ziemen, das Unsere dazuzutun und der Zeit und Gnade nützlich zu gebrauchen.

2 Das Erste, das in dieser Sachen vornehmlich zu tun, ist, dass wir uns je vorsehen mit großem Ernst und nicht etwas anheben mit Vertrauen großer Macht oder Vernunft, obgleich aller Welt Gewalt unser wäre; denn Gott mag und will's nicht leiden, dass ein gut Werk werde angefangen im Vertrauen eigener Macht und Vernunft. Er stößt es zu Boden, da hilft nichts vor; wie im 33. Psalm, V. 16 steht: „Es wird

kein König bestehen durch seine große Macht, und kein Herr durch die Größe seiner Stärke.“ Und aus dem Grund, sorge ich, sei es vorzeiten gekommen, dass die teuren Fürsten, Kaiser Friedrich der Erste* und der andere** und viel mehr deutscher Kaiser so jämmerlich sind von den Päpsten mit Füßen getreten und unterdrückt, vor welchen sich doch die Welt fürchtete. Sie haben sich vielleicht verlassen auf ihre Macht, mehr denn auf Gott, darum haben sie müssen fallen. Und was hat zu unseren Zeiten den Blutsäufer Julius den Zweiten*** so hoch erhoben, denn dass ich besorge, Frankreich, Deutschen und Venedig haben auf sich selbst gebaut. Es schlugen die Kinder Benjamin zweiundvierzigtausend Israeliten, darum, dass sie sich auf ihre Stärke verließen. Ri 20,21ff.

3 Dass es uns auch nicht so gelinge mit diesem edlen Blut Carolus, müssen wir gewiss sein, dass wir in dieser Sache nicht mit Menschen, sondern mit den Fürsten der Hölle handeln, Eph 6,12, die wohl mögen mit Krieg und Blutvergießen die Welt erfüllen, aber sie lassen sich damit nicht überwinden. Man muss hier mit einem Verzag leiblicher Gewalt in demütigem Vertrauen Gottes die Sache angreifen und mit ernstlichem Gebet Hilfe bei Gott suchen und nichts anders in die Augen bilden, denn der elenden Christenheit Jammer und Not, unangesehen was böse Leute verdient haben. Wo das nicht, so soll sich’s Spiel wohl lassen anfangen mit großem

---

* Friedrich I., genannt Barbarossa (ca. 1122–1190), aus dem Haus der Staufer, ab 1152 römisch-deutscher König, ab 1155 Kaiser des Heiligen Römischen Reiches.

** Friedrich II. (1194–1250) aus dem Haus der Staufer, von 1220 bis zu seinem Tode war er römisch-deutscher Kaiser.

*** Julius II. (1443–1513); Papst von 1503–1513.

Schein; aber wenn man hineinkommt, sollen die bösen Geister eine solche Irrung zurichten, dass die ganze Welt müsste in Blut schweben und dennoch damit nichts ausgerichtet würde. Darum lasst uns hier mit Furcht Gottes und weislich handeln. Je größer die Gewalt, je größer Unglück, wo nicht in Gottes Furcht und Demut gehandelt wird. Haben die Päpste und Römer bisher mögen durch Teufels Hilfe die Könige ineinander wirren, sie mögen's auch noch wohl tun, so wir ohne Gottes Hilfe mit unserer Macht und Kunst fahren.

4 Die Romanisten haben drei Mauern mit großer Behändigkeit um sich gezogen, damit sie sich bisher beschützt, dass sie niemand hat mögen reformieren, dadurch die ganze Christenheit gräulich gefallen ist. Zum Ersten, wenn man hat auf sie gedrungen mit weltlicher Gewalt, haben sie gesetzt und gesagt: weltliche Gewalt habe nicht Recht über sie; sondern wiederum, geistliche sei über der weltlichen. Zum anderen hat man sie mit der Heiligen Schrift wollen strafen, setzten sie dagegen: es gebühre die Schrift niemand auszulegen denn dem Papst. Zum Dritten dräute man ihnen mit einem Konzilium; so erdichteten sie, es möge niemand ein Konzilium berufen denn der Papst.

5 Also haben sie drei Ruten uns heimlich gestohlen, dass sie mögen ungestraft sein, und sich in sichere Befestigung dieser drei Mauern gesetzt, alle Büberei und Bosheit zu treiben; wie wir denn jetzt sehen. Und ob sie schon ein Konzilium müssten machen, haben sie doch dasselbe zuvor matt gemacht damit, dass sie die Fürsten zuvor mit Eiden verpflichten, sie bleiben zu lassen, wie sie sind; dazu dem Papst volle Gewalt geben über alle Ordnung des Konziliums, so, dass es gleich gilt, es seien viele Konzilien oder keine Konzilien, ohne

dass sie uns nur mit Larven und Spiegelfechten betrügen. So gar gräulich fürchten sie der Haut vor einem rechten freien Konzilium, und haben damit König und Fürsten schüchtern gemacht, dass sie glauben, es wäre wider Gott, so man ihnen nicht gehorchte in allen solchen schalkhaftigen listigen Spügnissen (Spukereien, Trugbildern).

6 Nun helfe uns Gott und gebe uns der Posaunen eine, damit die Mauern Jerichos wurden umgeworfen, Jos 6,20, dass wir diese strohernen und papiernen Mauern auch umblasen und die christliche Rute, Sünden zu strafen, losmachen, des Teufels List und Trug an den Tag zu bringen, auf das wir durch Strafe uns bessern und seine Huld wiedererlangen. Wollen die erste Mauer am ersten angreifen.

Die erste Mauer

7 Man hat's erfunden, dass Papst, Bischöfe, Priester, Klostervolk wird der geistliche Stand genannt: Fürsten, Herren, Handwerks- und Ackersleute der weltliche Stand, welches gar ein fein Komment und Gleißen ist. Doch soll niemand darob schüchtern werden. Und das aus dem Grund: denn alle Christen sind wahrhaftig geistliches Standes, und ist unter ihnen kein Unterschied, denn des Amtes halben allein, wie Paulus 1 Kor 12,12ff. sagt, dass wir allesamt Ein Körper sind, doch ein jeglich Glied sein eigen Werk hat, damit es dem anderen dient. Das macht alles, dass wir Eine Taufe, Ein Evangelium, Einen Glauben haben und sind gleiche Christen, Eph 4,5, denn die Taufe, Evangelium und Glaube, die machen allein geistlich und Christenvolk.

8 Dass aber der Papst oder Bischof salbt, Platten macht, ordiniert, weiht, anders denn Laien kleidet, mag einen Gleißner und Ölgötzen machen, macht aber nimmermehr einen Christen oder geistlichen Menschen. Demnach so werden wir allsamt durch die Taufe zu Priestern geweiht; wie St. Peter, 1 Petr 2,9, sagt: „Ihr seid ein königlich Priestertum und ein priesterlich Königreich“, und Offb 5,10: „Du hast uns gemacht durch dein Blut zu Priestern und Königen.“ Denn wo nicht eine höhere Weihe in uns wäre, denn der Papst und Bischof gibt, so würde nimmermehr durch des Papstes und Bischofs Weihe ein Priester gemacht, vermöchte auch weder Mess halten noch predigen, noch absolvieren. Darum ist des Bischofs Weihe nichts anderes, denn als wenn er anstatt und Person der ganzen Versammlung einen aus dem Haufen nähme, die alle gleiche Gewalt haben, und ihm beföhle, dieselbe Gewalt für die anderen auszurichten; gleich als wenn zehn Brüder, Königskinder, gleiche Erben, Einen erwählten, das Erbe für sie zu regieren; sie wären je alle Könige und gleicher Gewalt, und doch einem zu regieren befohlen wird.

9 Und dass ich's noch klarer sage, wenn ein Häuflein frommer Christenlaien würden gefangen und in eine Wüstenei gesetzt, die nicht bei sich hätten einen geweihten Priester von einem Bischof, und würden allda der Sachen eins, erwählten einen unter ihnen, er wäre ehelich oder nicht, und beföhlen ihm, das Amt zu taufen, Mess halten, absolvieren und predigen, der wäre wahrhaftig ein Priester, als ob ihn alle Bischöfe und Päpste hätten geweiht. Daher kommt's, dass in der Not ein jeglicher taufen und absolvieren kann; das nicht möglich wäre, wenn wir nicht alle Priester wären. Solche große Gnade und Gewalt der Taufe und des christlichen Standes haben sie uns durch's geistliche Recht fast niedergelegt und unbekannt

gemacht. Auf diese Weise erwählten vorzeiten die Christen aus dem Haufen ihre Bischöfe und Priester, die darnach von anderen Bischöfen wurden bestätigt ohne alles Prangen, das jetzt regiert. So ward St. Augustinus, Ambrosius, Cyprianus Bischof.

10 Dieweil denn nun die weltliche Gewalt ist gleich mit uns getauft, hat denselben Glauben und Evangelium, müssen wir sie lassen Priester und Bischöfe sein und ihr Amt zählen als ein Amt, das da gehöre und nützlich sei der christlichen Gemeinde. Denn was aus der Taufe gekrochen ist, das mag sich rühmen, dass es schon Priester, Bischof und Papst geweiht sei, ob nun wohl nicht einem jeglichen ziehmt, solch Amt zu üben. Denn wenn wir alle gleich Priester sind, muss sich niemand selbst hervortun noch sich unterwinden, ohne unser Bewilligen und Erwählen das zu tun, dessen wir alle gleiche Gewalt haben. Denn was gemeinsam ist, mag niemand ohne der Gemeinde Willen und Befehl an sich nehmen. Und wo es geschähe, dass jemand erwählt zu solchem Amt und durch seinen Missbrauch würde abgesetzt, so wäre er gleich wie vorher. Darum sollte ein Priesterstand nicht anders sein in der Christenheit, denn als ein Amtmann; weil er am Amt ist, geht er vor, wo er aber abgesetzt, ist er ein Bauer oder Bürger wie die anderen: also wahrhaftig ist ein Priester nimmer Priester, wo er abgesetzt wird. Aber nun haben sie erdichtet *characteres indelebiles* (d. i. unauslöschliche Merkmale), und schwätzen, dass ein abgesetzter Priester dennoch etwas anderes sei, denn ein schlechter Laie; ja, sie träumen, es möge ein Priester nimmermehr anders denn Priester oder ein Laie werden. Das sind alles von Menschen erdichte Rede und Gesetze.

11 So folgt aus diesem, dass Laien, Priester, Fürsten, Bischöfe und, wie sie sagen, Geistliche und Weltliche, keinen anderen Unterschied im Grunde wahrlich haben, denn des Amtes oder Werkes halben, und nicht des Standes halben. Denn sie sind alle geistliches Standes, wahrhaftige Priester, Bischöfe und Päpste, aber nicht gleich einerlei Werkes, gleichwie auch unter den Priestern und Mönchen nicht einerlei Werk ein jeglicher hat. Und das ist St. Paulus Röm 12,4ff. und 1 Kor 12,12ff. und Petrus, 1 Petr 2,9, wie ich droben gesagt, dass wir alle Ein Körper sind des Hauptes Jesu Christi, ein jeglicher des anderen Gliedmaß. Christus hat nicht zwei noch zweierlei Art Körper, einen weltlich, den anderen geistlich. Ein Haupt ist und Einen Körper hat er.

12 Gleichwie nun die, so man jetzt geistlich heißt oder Priester, Bischöfe oder Päpste sind, von den anderen Christen nicht weiter noch würdiger geschieden, denn dass sie das Wort Gottes und die Sakramente sollen handeln, das ist ihr Werk und Amt: also hat die weltliche Obrigkeit das Schwert und die Rute in der Hand, die Bösen damit zu strafen, die Frommen zu schützen. Ein Schuster, ein Schmied, ein Bauer, ein jeglicher seines Handwerks Amt und Werk hat, und doch alle gleich geweihte Priester und Bischöfe; und ein jeglicher soll mit seinem Amt oder Werk dem anderen nützlich und dienstlich sein, dass also vielerlei Werke alle in Eine Gemeinde gerichtet sind, Leib und Seele zu fördern, gleichwie die Gliedmaßen des Körpers alle eines dem anderen dient.

13 Nun siehe, wie christlich das gesetzt und gesagt sei, weltliche Obrigkeit sei nicht über die Geistlichkeit, soll sie auch nicht strafen. Das ist ebenso viel gesagt: Die Hand soll nichts dazu tun, ob das Auge große Not leidet. Ist's

nicht unnatürlich, geschweige unchristlich, dass ein Glied dem anderen nicht helfen, seinem Verderben nicht wehren soll? Ja, je edler das Gliedmaß ist, je mehr die anderen ihm helfen sollen. Darum sage ich: dieweil weltliche Gewalt von Gott geordnet ist, die Bösen zu strafen und die Frommen zu schützen, so soll man ihr Amt lassen frei gehen, unverhindert durch den ganzen Körper der Christenheit, niemand angesehen, sie treffe Papst, Bischöfe, Pfaffen, Mönche, Nonnen oder was es ist. Denn so das genug wäre, die weltliche Gewalt zu hindern, dass sie geringer ist unter den christlichen Ämtern, denn der Prediger und Beichtiger Amt oder der geistliche Stand, so sollte man auch hindern den Schneidern, Schustern, Steinmetzen, Zimmerleuten, Koch, Kellnern, Bauern und allen zeitlichen Handwerkern, dass sie dem Papst, Bischöfen, Priestern, Mönchen keine Schuhe, Kleider, Häuser, Essen, Trinken machten noch Zins gäben. Lässt man aber diesen Laien ihr Werk unverhindert: was machen denn die römischen Schreiber mit ihren Gesetzen? Dass sie sich herausziehen aus dem Werk weltlicher christlicher Gewalt, dass sie nur frei mögen böse sein und erfüllen, was St. Petrus gesagt hat, 2 Petr 2,1: „Es werden falsche Meister unter euch erstehen, und mit falschen erdichteten Worten mit euch umgehen", euch im Sack zu verkaufen.

14 Darum soll weltliche, christliche Gewalt ihr Amt üben frei unverhindert, unangesehen, ob's Papst, Bischof, Priester sei, den sie trifft; wer schuldig ist, der leide; was geistlich Recht dawider gesagt hat, ist lauter erdichtete römische Vermessenheit. Denn also sagt St. Paulus allen Christen, Röm 13,1–4: „Eine jegliche Seele" – ich halte, des Papstes auch – „soll untertan sein der Obrigkeit; denn sie trägt nicht umsonst das Schwert. Sie dient Gott damit zur Strafe der

Bösen und zum Lob der Frommen." Auch St. Petrus, 1 Petr 2,13: „Seid untertan allen menschlichen Ordnungen um Gottes willen", der es so haben will. Er hat's auch verkündigt, dass kommen würden solche Menschen, die die weltliche Obrigkeit würden verachten, 2 Petr 2,10, wie denn geschehen ist durch's geistliche Recht.

15 Also meine ich, diese erste Papiermauer liege darnieder; sintemal weltliche Herrschaft ist ein Mit-Glied geworden des christlichen Körpers. Und wiewohl sie ein leiblich Werk hat, doch geistliches Standes ist; darum ihr Werk soll frei, unverhindert gehen in allen Gliedmaßen des ganzen Körpers, strafen und treiben, wo es die Schuld verdient oder Notwendigkeit erfordert, unangesehen Papst, Bischöfe, Priester, sie dräuen oder bannen, wie sie wollen. Daher kommt's, dass die schuldigen Priester, so man sie in das weltliche Recht überantwortet, zuvor entsetzt werden priesterlicher Würden; das doch nicht recht wäre, wo nicht zuvor aus göttlicher Ordnung das weltliche Schwert über dieselben Gewalt hätte.

16 Es ist auch zu viel, dass man so hoch im geistlichen Recht hebt der Geistlichen Freiheit, Leib und Güter, gerade als wären die Laien nicht auch so geistlich gute Christen als sie, oder als gehörten sie nicht zur Kirche. Warum ist dein Leib, Leben, Gut und Ehre so frei und nicht das meine, so wir doch gleiche Christen sind, gleiche Taufe, Glauben, Geist und alle Dinge haben? Wird ein Priester erschlagen, so liegt ein Land im Interdikt (d. i. Versagung der Sakramente und des Gottesdienstes); warum auch nicht, wenn ein Bauer erschlagen wird? Wo kommt her solch großer Unterschied unter den gleichen Christen? Allein aus Menschengesetzen und Dichten.

17 Es muss auch kein guter Geist sein, der solche Auszüge (Ausnahmen) erfunden und die Sünde frei, unsträflich gemacht hat. Denn so wir schuldig sind wider den bösen Geist, seine Werke und Worte zu streiten und ihn vertreiben, wie wir's vermögen, als uns Christus gebeut und seine Apostel; wie kämen wir denn dazu, dass wir sollten stillhalten und schweigen, wo der Papst oder die Seinen teuflische Worte oder Werke vornähmen? Sollten wir um Menschen willen göttliche Gebote und Wahrheit lassen niederlegen, der wir in der Taufe geschworen haben beizustehen mit Leib und Leben? Fürwahr, wir wären schuldig aller Seelen, die dadurch verlassen und verführt würden.

18 Darum muss das der Hauptteufel selbst gesagt haben, das im geistlichen Recht steht: „Wenn der Papst so schädlich böse wäre, dass er gleich die Seelen mit großen Haufen zum Teufel führte, könnte man in dennoch nicht absetzen." Auf diesen verfluchten, teuflischen Grund bauen sie zu Rom und meinen, man soll eher alle Welt zum Teufel lassen fahren, denn ihrer Büberei widerstreben. Wenn es genug wäre daran, dass einer über den anderen ist, darum er nicht zu strafen sei, müsste kein Christ den anderen strafen, sintemal Christus gebeut, ein jeglicher soll sich als den Untersten und Geringsten halten, Mt 18,4; Lk 9,48.

19 Wo Sünde ist, da ist schon kein Behelf mehr wider die Strafe, als auch St. Gregorius schreibt, dass wir wohl alle gleich seien, aber die Schuld macht einen untertan dem anderen. Nun sehen wir, wie sie mit der Christenheit umgehen, nehmen ihr die Freiheit ohne alle Beweisung aus der Schrift mit eigenem Frevel, die Gott und die Apostel haben unterworfen dem weltlichen Schwert, dass zu besor-

gen ist, es sei des Endchrists Spiel oder sein nächster Vorläufer.

Die andere Mauer

20 Die andere Mauer ist noch loser und untüchtiger, dass sie allein wollen Meister der Schrift sein, ob sie schon ihr Leben lang nichts darin lernen, vermessen sich allein der Obrigkeit, gaukeln vor uns mit unverschämten Worten: der Papst möge nicht irren im Glauben, er sei böse oder fromm; mögen desselben nicht einen Buchstaben anzeigen. Daher kommt es, dass so viele ketzerische und unchristliche, ja unnatürliche Gesetze stehen im geistlichen Recht, davon jetzt nicht Not zu reden. Denn dieweil sie es achten, der Heilige Geist lasse sie nicht, sie seien so ungelehrt und böse, wie sie können, werden sie kühn, zu setzen, was sie nur wollen. Und wo das wäre, wozu wäre die Heilige Schrift Not oder nütze? Lasst sie uns verbrennen und begnügen an den ungelehrten Herren zu Rom, die der Heilige Geist innehat, der doch nichts denn fromme Herzen mag innehaben. Wenn ich's nicht gelesen hätte, wäre mir's unglaublich gewesen, dass der Teufel sollte zu Rom solche ungeschickte Dinge vorwenden und Anhang gewinnen.

21 Doch dass wir nicht mit Worten wider sie fechten, wollen wir die Schrift herbringen. St. Paulus spricht, 1 Kor 14,30: „So jemand etwas Besseres geoffenbart wird, ob er schon sitzt und dem anderen zuhört in Gottes Wort, so soll der Erste, der da redet, stillschweigen und weichen." Was wäre dies Gebot nütze, so allein dem zu glauben wäre, der da redet oder obenan sitzt? Auch Christus sagt, Joh 6,45, dass

alle Christen sollen gelehrt werden von Gott, Jes 54,13, so mag es je geschehen, dass der Papst und die Seinen böse sind und nicht rechte Christen noch von Gott gelehrt sind, rechten Verstand haben; wiederum, ein geringer Mensch den rechten Verstand haben: warum sollte man ihm dann nicht folgen? Hat nicht der Papst vielmals geirrt? Wer wollte der Christenheit helfen, so der Papst irrt, wo nicht einem anderen mehr denn ihm geglaubt würde, der die Schrift für sich hätte?

22 Darum ist's eine frevele erdichtete Fabel, und mögen auch keinen Buchstaben aufbringen, damit sie bewähren, dass des Papstes allein sei, die Schrift auszulegen oder ihre Auslegung zu bestätigen; sie haben ihnen die Gewalt selbst genommen. Und ob sie vorgeben, es wäre St. Peter die Gewalt gegeben, da ihm die Schüssel sind gegeben, ist's offenbar genug, dass die Schlüssel nicht allein St. Petrus, sondern der ganzen Gemeine gegeben sind, Mt 16,19; 18,18. Dazu die Schlüssel nicht auf die Lehre oder Regiment, sondern allein auf die Sünde zu binden oder lösen geordnet sind, Joh 20,22–23, und ist eitel erdichtet Ding, was sie anderes und weiter aus den Schlüsseln ihnen zuschreiben. Dass aber Christus sagt zu Petrus, Lk 22,32: „Ich habe für dich gebeten, dass dein Glaube nicht zergehe (aufhöre)“, mag sich nicht strecken auf den Papst; sintemal das mehrere Teile der Päpste ohne Glauben gewesen sind, wie sie selbst bekennen müssen; so hat Christus auch nicht allein für Petrus gebeten, sondern auch für alle Apostel und Christen, wie er sagt, Joh 17,9–20: „Vater, ich bitte für sie, die du mir gegeben hast; und nicht allein für sie, sondern für alle, die durch ihr Wort glauben an mich.“ Ist das nicht klar genug geredet?

23 Denke doch bei dir selbst, sie müssen bekennen, dass fromme Christen unter uns sind, die den rechten Glauben, Geist, Verstand, Wort und Meinung Christi haben; je! warum sollte man denn derselben Worte und Verstand verwerfen und dem Papst folgen, der nicht Glauben noch Geist hat? Wäre doch das den ganzen Glauben und die christliche Kirche verleugnet. Item, es muss je nicht allein der Papst recht haben, so der Artikel recht ist: Ich glaube eine heilige christliche Kirche; oder müssen also beten: Ich glaube in den Papst zu Rom; und also die christliche Kirche ganz in Einen Menschen ziehen, welches nichts anders denn teuflischer und höllischer Irrtum wäre. Überdies so sind wir alle Priester, wie droben gesagt ist, alle Einen Glauben, Ein Evangelium, einerlei Sakrament haben; wie sollten wir denn auch nicht haben Macht zu schmecken und urteilen, was da recht oder unrecht im Glauben wäre? Wo bleibt das Wort Pauli, 1 Kor 2,15: „Ein geistlicher Mensch richtet alle Dinge und wird von niemand gerichtet"; und 2 Kor 4,13: „Wir haben alle Einen Geist des Glaubens"; wie, sollten wir denn nicht fühlen, sowohl als ein ungläubiger Papst, was dem Glauben eben oder uneben ist?

24 Aus diesem allen und vielen anderen Sprüchen sollen wir mutig und frei werden und den Geist der Freiheit, wie ihn Paulus nennt, 2 Kor 3,17, nicht lassen mit erdichteten Worten der Päpste abschrecken; sondern frisch hindurch alles, was sie tun oder lassen, nach unserem gläubigen Verstand der Schrift richten und sie zwingen, zu folgen dem besseren und nicht ihrem eigenen Verstand. Musste doch vorzeiten Abraham seine Sarah hören, 1 Mos 21,12, die doch ihm härter unterworfen war, denn wir jemand auf Erden; so war die Eselin Baalams auch klüger denn der Prophet selbst. Hat Gott da durch eine Eselin geredet gegen einen Propheten,

4 Mos 22,28, warum sollte er nicht noch reden können durch einen frommen Menschen gegen den Papst? Item, St. Paulus straft St. Peter als einen Irrigen, Gal 2,11ff., darum gebührt einem jeglichen Christen, dass er sich des Glaubens annehme, zu verstehen und verfechten und alle Irrtümer zu verdammen.

Die dritte Mauer

25 Die dritte Mauer fällt von ihr selbst, wo diese ersten zwei fallen. Denn wo der Papst wider die Schrift handelt, sind wir schuldig der Schrift beizustehen, ihn strafen und zwingen nach dem Wort Christi, Mt 18,15: „Sündigt dein Bruder wider dich, so gehe hin und sag's ihm zwischen dir und ihm allein; hört er dich nicht, so nimm noch einen oder zwei zu dir; hört er die nicht, so sag es der Gemeinde. Hört er die Gemeinde nicht, so halte ihn als einen Heiden.“ Hier wird befohlen einem jeglichen Glied, für das andere zu sorgen; wie viel mehr sollen wir dazu tun, wo ein allgemein regierendes Glied übel handelt, welches durch seinen Handel viel Schaden und Ärgernis gibt den anderen. Soll ich ihn verklagen vor der Gemeinde, so muss ich sie ja zusammenbringen. Sie haben auch keinen Grund der Schrift, dass allein dem Papst gebühre ein Konzilium zu berufen oder bestätigen, denn allein ihre eigenen Gesetze, die nicht weiter gelten, denn sofern sie nicht schädlich sind der Christenheit und Gottes Gesetzen. Wo nun der Papst sträflich ist, hören solche Gesetze schon auf, dieweil es schädlich ist der Christenheit, ihn nicht strafen durch ein Konzilium. So lesen wir Apg 15,6, dass der Apostel Konzilium nicht St. Peter hat berufen, sondern alle Apostel und die Ältesten. Wo nun St. Peter das allein

hätte gebührt, wäre das nicht ein christlich Konzilium, sondern ein ketzerisch Konziliabulum gewesen. Auch das berühmteste Konzilium von Nicäa hat der Bischof zu Rom weder berufen noch bestätigt, sondern der Kaiser Constantinus, und nach ihm viele andere Kaiser desselbengleichen getan, das doch die allerchristlichsten Konzilien gewesen sind. Aber sollte der Papst allein die Gewalt haben, so müssten sie alle ketzerisch gewesen sein. Auch wenn ich ansehe die Konzilien, die der Papst gemacht hat, finde ich nichts Besonderes, das drinnen ist ausgerichtet.

26 Darum, wo es die Not fordert und der Papst ärgerlich der Christenheit ist, soll dazu tun, wer am ersten kann, als ein getreues Glied des ganzen Körpers, dass ein recht frei Konzilium werde. Welches niemand so wohl vermag als das weltliche Schwert; sonderlich dieweil sie nun auch Mitchristen sind, Mitpriester, mitgeistlich, mitmächtig in allen Dingen und sollen ihr Amt und Werk, das sie von Gott haben über jedermann, lassen frei gehen, wo es Not und nütz ist zu gehen. Wäre das nicht ein unnatürlich Vornehmen, so ein Feuer in einer Stadt aufginge und jedermann sollte stillstehen, lassen für und für brennen, was da brennen mag, allein darum, dass sie nicht die Macht des Bürgermeisters hätten oder das Feuer vielleicht an des Bürgermeisters Haus anhübe? Ist hier nicht ein jeglicher Bürger schuldig, die anderen zu bewegen und berufen? Wie viel mehr soll das in der geistlichen Stadt Christi geschehen, so ein Feuer des Ägernisses sich erhebt, es sei an des Papstes Regiment, oder wo es wolle. Desselbengleichen geschieht auch, so die Feinde eine Stadt überfielen; da verdient der Ehre und Dank, der die anderen am ersten aufbringt. Warum sollte denn der nicht Ehre verdienen, der die höllischen Feinde erkundet und die Christen erweckt und beruft?

27 Dass sie aber ihre Gewalt rühmen, der sich's nicht ziehme dawiderzufechten, ist gar nichts geredet. Es hat niemand in der Christenheit Gewalt, Schaden zu tun oder Schaden zu wehren zu verbieten. Es ist keine Gewalt in der Kirchen denn nur zur Besserung; darum wo sich der Papst wollte der Gewalt brauchen, zu wehren ein frei Konzilium zu machen, damit verhindert würde die Besserung der Kirchen, so sollen wir ihn und seine Gewalt nicht ansehen; und wo er bannen und donnern würde, sollte man das verachten als eines tollen Menschen Vornehmen und ihn in Gottes Zuversicht wiederum bannen und treiben, wie man vermag. Denn solch seine vermessene Gewalt ist nichts, er hat sie auch nicht, und wird bald mit einem Spruch der Schrift niedergelegt. Denn Paulus, 2 Kor 10,8 sagt: „Gott hat uns Gewalt gegeben, nicht zu verderben, sondern zu bessern die Christenheit." Wer will über diesen Spruch hüpfen? Des Teufels und Endchrists Gewalt ist's, die da wehrt, was zur Besserung dient der Christenheit; darum ihr gar nicht zu folgen, sondern zu widerstehen ist mit Leib, Gut und allem, was wir vermögen. Und wo gleich ein Wunderzeichen für den Papst wider die weltliche Gewalt geschähe oder jemandem eine Plage widerführe, wie etliche Mal sie rühmen geschehen sei, soll man dasselbe nicht anders achten, denn als durch den Teufel geschehen, um unseres Glaubens zu Gott Gebrechen. Wie dasselbe Christus verkündigt hat, Mt 24,23: „Es werden kommen in meinem Namen falsche Christen und falsche Propheten, Zeichen und Wunder tun, dass sie auch die Auserwählten möchten verführen", und St. Paulus sagt, 2 Thes 2,9f., dass der Endchrist werde durch Satan mächtig sein in falschen Wunderzeichen.

28 Darum lasst uns das festhalten: Christliche Gewalt vermag nichts wider Christum wie St. Paulus sagt, 2 Kor 13,8: Wir vermögen nichts wider Christum, sondern für Christum zu tun. Tut sie aber etwas wider Christum, so ist sie des Endchrists und Teufels Gewalt, und sollte sie Wunder und Plagen regnen und hageln. Wunder und Plagen bewähren nichts, sonderlich in dieser letzten ärgsten Zeit, von welcher falsche Wunder verkündigt sind in aller Schrift, 2 Thess 2,9–10. Darum müssen wir uns an die Worte Gottes halten mit festem Glauben, so wird der Teufel seine Wunder wohl lassen.

29 Hiermit, hoffe ich, soll das falsche lügenhaftige Schrecken, damit uns nun lange Zeit die Römer haben schüchtern und blöde Gewissen gemacht, herniederliegen. Und dass sie mit uns allen gleich dem Schwert unterworfen sind, die Schrift nicht Macht haben auszulegen durch lauter Gewalt, ohne Kunst, und keine Gewalt haben, ein Konzilium zu wehren oder noch ihrem Mutwillen pfänden, verpflichten und seine Freiheit nehmen; und wo sie das tun, dass sie wahrhaftig des Endchrists und des Teufels Gemeinschaft sind, nichts von Christo denn den Namen haben.

Wovon in den Konzilien zu handeln

30 Nun wollen wir sehen die Stücke, die man billig in den Konzilien sollte handeln und womit Päpste, Kardinäle, Bischöfe und alle Gelehrten sollten billig Tag und Nacht umgehen, so sie Christum und seine Kirche lieb hätten. Wo sie aber das nicht tun, dass der Haufe und das weltliche Schwert dazutue, unangesehen ihr Bannen oder Don-

nern. Denn ein unrechter Bann ist besser denn zehn rechte Absolutionen, und eine unrechte Absolution ärger denn zehn rechte Banne. Darum lasst uns aufwachen, liebe Deutschen, und Gott mehr denn die Menschen fürchten, Apg 5,29, dass wir nicht teilhaftig werden aller armen Seelen, die so kläglich durch das schändliche, teuflische Regiment der Römer verloren werden, und täglich mehr und mehr der Teufel zunimmt, so es anders möglich wäre, dass solch höllisch Regiment möchte ärger werden; das ich doch nicht begreifen noch glauben kann.

31 Zum Ersten ist's gräulich und erschrecklich anzusehen, dass der Oberste in der Christenheit, der sich *Christi Vicarius* (Stellvertreter) und St. Peters Nachfolger rühmt, so weltlich und prächtlich fährt, dass ihn darin kein König, kein Kaiser mag erlangen und gleich werden, und indem er der Allerheiligste und Geistlichste sich lässt nennen, weltlicheres Wesen ist, denn die Welt selber ist. Er trägt eine dreifältige Krone, wo die höchsten Könige nur Eine Krone tragen. Gleicht sich das mit dem armen Christo und St. Peter, so ist's ein neu Gleichen. Man plärrt, es sei ketzerisch, wo man dawiderredet; man will aber auch nicht hören, wie unchristlich und ungöttlich solch Wesen sei. Ich halte aber, wenn er mit Tränen beten sollte vor Gott, er müsste je solche Kronen ablegen, dieweil unser Gott keine Hoffart mag leiden. Nun sollte sein Amt nichts anderes sein, denn täglich weinen und beten für die Christenheit und ein Exempel aller Demut vortragen.

32 Es sei, wie ihm wolle, so ist eine solche Pracht ärgerlich und der Papst bei seiner Seelen Seligkeit schuldig sie abzulegen, darum, dass St. Paulus sagt, 1 Thess 5,23: Ent-

haltet euch von allen Gebärden, die da ärgerlich sind; und Röm 12,17: Wir sollen Gutes vorwenden nicht allein vor Gottes Augen, sondern auch vor allen Menschen. Es wäre dem Papst genug eine gemeine Bischofskrone; mit Kunst und Heiligkeit sollte er größer sein vor anderen und die Krone der Hoffart dem Endchrist lassen, wie da getan haben seine Vorfahren vor etlichen Hundert Jahren. Sie sprechen, er sei ein Herr der Welt. Das ist erlogen. Denn Christus, dessen Statthalter und Amtmann er sich rühmt, sprach vor Pilatus: „Mein Reich ist nicht von dieser Welt", Joh 18,36. Es kann je kein Statthalter weiter regieren denn sein Herr. Er ist auch nicht ein Statthalter des erhöhten, sondern des gekreuzigten Christi, wie Paulus sagt, 1 Kor 2,2: „Ich habe nichts bei euch wollen wissen denn Christum, und denselben nur als gekreuzigten." Und Phil 2,7: Also sollt ihr euch achten, wie ihr seht in Christo, „der sich hat entledigt und eine knechtische Gebärde an sich genommen". Item 1 Kor 1,23: „Wir predigen Christum den Gekreuzigten." Nun machen sie den Papst einen Statthalter des erhöhten Christi im Himmel, und haben etliche den Teufel so stark an ihnen lassen regieren, dass sie gehalten, der Papst sei über die Engel im Himmel und ihnen zu gebieten habe; welches sind eigentlich die rechten Werke des rechten Endchrists.

33 Zum anderen, wozu ist das Volk nütze in der Christenheit, das da heißt die Kardinäle? Das will ich dir sagen: Welsch- und Deutschland haben viele reiche Kloster, Stifte, Lehen und Pfarren; die hat man nicht gewusst besser gen Rom zu bringen, denn dass man Kardinäle machte und denselben die Bistümer, Kloster, Prälaturen zu eigen gäbe und Gottesdienst also zu Boden stieße. Darum sieht man jetzt, dass Welschland fast wüst ist, Klöster zerstört, Bistümer

verzehrt, Prälaturen und aller Kirchen Zinsen gen Rom gezogen, Städte verfallen, Land und Leute verdorben, da kein Gottesdienst noch Predigt mehr geht. Warum? Die Kardinäle müssen die Güter haben. Kein Türke hätte Welschland so mögen verderben und Gottesdienst niederlegen.

34 Nun Welschland ausgezogen ist, kommen sie ins Deutschland, heben fein säuberlich an; aber sehen wir zu, Deutschland soll bald dem Welschen gleich werden. Wir haben schon etliche Kardinäle. Was darinnen die Römer suchen, sollen die trunkenen Deutschen nicht verstehen, bis sie kein Bistum, Kloster, Pfarre, Lehen, Heller oder Pfennig mehr haben. Der Endchrist muss die Schätze der Erden heben, wie es verkündigt ist, Dan 11,8–43. Es geht daher, man schäumt oben ab von den Bistümern, Klöstern und Lehen, und weil sie noch nicht alles dürfen ganz verschwenden, wie sie den Welschen getan haben, brauchen sie dieweil solche heilige Behändigkeit, dass sie zehn oder zwanzig Prälaturen zusammenkoppeln und von einer jeglichen ein jährlich Stück reißen, dass doch eine Summa daraus werde. Die Propstei zu Würzburg gibt tausend Gulden, die zu Bamberg auch etwas, Mainz, Trier und deren mehr: so möchte man eintausend Gulden oder zehn zusammenbringen, damit ein Kardinal sich einem reichen König gleich halte zu Rom.

35 Wenn wir nun dessen gewonnen, so wollen wir dreißig oder vierzig Kardinäle auf einen Tag machen und einem geben den Mönchberg zu Bamberg und das Bistum zu Würzburg dazu, daran gehängt etliche reiche Pfarren, bis dass Kirchen und Städte wüst sind, und darnach sagen, wir sind Christi Vikare und Hirten der Schafe Christi; die tollen, vollen Deutschen müssen's wohl leiden. Ich rate aber, dass man der

Kardinäle weniger mache oder lasse sie den Papst von seinem Gut ernähren. Ihrer wäre übrig genug an zwölf und ein jeglicher hätte des Jahrs tausend Gulden einzukommen. Wie kommen wir Deutschen dazu, dass wir solche Räuberei, Schinderei unserer Güter von dem Papst leiden müssen? Hat das Königreich zu Frankreich sich's erwehrt; warum lassen wir Deutschen uns also narren und äffen? Es wäre alles erträglicher, wenn sie das Gut allein uns also abstählen, die Kirchen verwüsten sie damit und berauben die Schafe Christi ihrer frommen Hirten und legen den Dienst und Wort Gottes nieder. Und wenn schon kein Kardinal wäre, die Kirche würde dennoch nicht versinken; so tun sie nichts, das zur Christenheit dient, nur Geld- und Hadersachen um die Bistümer und Prälaturen treiben sie. Das auch wohl ein jeglicher Räuber tun könnte.

36 Zum Dritten, wenn man des Papstes Hof ließ den hundertsten Teil bleiben und täte ab neunundneunzig Teile, er wäre dennoch groß genug, Antwort zu geben in des Glaubens Sachen. Nun aber ist ein solch Gewürm und Geschwürm in dem Rom und alles sich päpstisch rühmt, dass zu Babylonien nicht ein solch Wesen gewesen ist. Es sind mehr denn dreitausend Papstschreiber allein; wer will die anderen Amtleute zählen, so der Ämter so viele sind, dass man sie kaum zählen kann, welche alle auf die Stift und Lehen deutsches Landes warten wie ein Wolf auf die Schafe. Ich achte, dass Deutschland jetzt weit mehr gen Rom gibt dem Papst denn vorzeiten den Kaisern. Ja, es meinen etliche, dass jährlich mehr denn dreimal hunderttausend Gulden aus Deutschland gen Rom kommen, lauterlich vergebens und umsonst, dafür wir nichts denn Spott und Schmach erlangen. Und wir verwundern uns noch, dass Fürsten, Adel, Städte, Stifte, Land

und Leute arm werden; wir sollten uns verwundern, dass wir noch zu essen haben.

37 Dieweil wir denn hier in das rechte Spiel kommen, wollen wir ein wenig stillhalten und uns sehen lassen, wie die Deutschen nicht so ganz grobe Narren sind, dass sie die römischen Praktiken gar nicht wissen noch verstehen. Ich klage hier nicht, dass zu Rom Gottes Gebot und christliches Recht verachtet ist; denn so wohl steht es jetzt nicht in der Christenheit, sonderlich zu Rom, dass wir von solchen hohen Dingen klagen möchten. Ich klage auch nicht, dass das natürliche oder weltliche Recht und Vernunft nichts gilt; es liegt noch alles tiefer im Grund. Ich klage, dass sie ihr eigen erdichtet geistlich Recht nicht halten, das doch an ihm selbst eine lautere Tyrannei, Geizerei und zeitliche Pracht ist mehr denn ein Recht. Das wollen wir sehen.

38 Es haben vorzeiten deutsche Kaiser und Fürsten verwilligt, dem Papst die Annaten (d. i. Jahrgelder) auf alle Lehen deutscher Nation einzunehmen, das ist die Hälfte der Zinsen des ersten Jahres, auf einem jeglichen Lehen. Die Verwilligung aber ist also geschehen, dass der Papst durch solch großes Geld sollte sammeln einen Schatz, zu streiten wider die Türken und Ungläubigen, die Christenheit zu beschützen; auf dass dem Adel nicht zu schwer würde, allein zu streiten, sondern die Priesterschaft auch etwas dazu täte. Solcher guter einfältiger Andacht der deutschen Nation haben die Päpste dazu gebraucht, dass sie bisher mehr denn hundert Jahre solch Geld eingenommen und nun einen schuldigen und verpflichteten Zins und Aufsatz daraus gemacht und nicht allein nichts gesammelt, sondern darauf gestiftet viele Stände und Ämter zu Rom, die damit jährlich, als aus einem Erbzins, zu besolden.

39 Wenn man nun wider die Türken zu streiten vorgibt, so senden sie heraus Botschaft, Geld zu sammeln, vielmals auch Ablass herausgeschickt, eben mit derselben Farbe, wider die Türken zu streiten; meinend, die tollen Deutschen sollen unendlich tote Stocknarren bleiben, nur immer Geld zu geben, ihrem unaussprechlichen Geiz genugtun, ob wir gleich öffentlich sehen, dass weder Annaten noch Ablassgeld, noch alles andere ein Heller wider den Türken, sondern allzumal in den Sack, dem der Boden aus ist, kommt; lügen und trügen, setzen und machen mit uns Bünde, deren sie nicht ein Haarbreit zu halten gedenken. Das muss darnach der heilige Name Christi und St. Petri alles getan haben.

40 Hier sollte nun deutsche Nation, Bischöfe und Fürsten sich auch für Christenleute halten und das Volk, das ihnen befohlen ist, in leiblichen und geistlichen Gütern zu regieren und schützen, vor solchen reißenden Wölfen beschirmen, die sich unter den Schafskleidern dargeben als Hirten und Regierer; und dieweil die Annaten so schimpflich missbraucht werden, auch nicht gehalten, was verbunden ist, ihr Land und Leute nicht so jämmerlich ohne alles Recht schinden und verderben lassen; sondern durch ein kaiserlich oder gemeiner Nation Gesetz die Annaten heraußen behalten oder wiederum abtun. Denn dieweil sie nicht halten, was verbunden ist, haben sie auch kein Recht zu den Annaten; so sind die Bischöfe und Fürsten schuldig, solche Dieberei und Räuberei zu strafen oder je zu wehren, wie das Recht fordert. Darin dem Papst beistehen und stärken, der vielleicht solchem Unfug allein zu schwach ist; oder, wo er das wollte schützen und handhaben, als einem Wolf und Tyrannen wehren und widerstehen, denn er keine Gewalt hat, Böses zu tun oder zu verfechten. Auch so man je wider die Türken wollte

ein solchen Schatz sammeln, sollten wir billig dermaleinst witzig werden und merken, dass deutsche Nation denselben besser bewahren könnte denn der Papst; sintemal deutsche Nation selbst Volk genug hat zum Streit, so Geld vorhanden ist. Es ist mit den Annaten, wie es mit anderen manchen römischen Vorgeben gewesen ist.

41 Item, darnach ist geteilt worden das Jahr zwischen dem Papst und regierenden Bischöfen und Stiften, dass der Papst sechs Monate hat im Jahr, einen um den anderen zu verleihen die Lehen, die in seinem Monat verfallen; damit fast alle Lehen hinein gen Rom werden gezogen, sonderlich die allerbesten Pfründen und Dignitäten. Und welche einmal so gen Rom fallen, die kommen darnach nimmer wieder heraus, ob sie hinfort nimmer in des Papstes Monat verfallen; damit den Stiften viel zu kurz geschieht, und ist eine rechte Räuberei, die sich vorgenommen hat nichts herauszulassen. Darum ist sie fast reif und hohe Zeit, dass man die Papstmonate ganz abtue und alles, was dadurch gen Rom gekommen ist, wieder herausreiße. Denn Fürsten und Adel sollen darob sein, dass das gestohlene Gut werde wiedergegeben, die Diebe gestraft und, die ihres Urlaubs (Erlaubnis, Vollmacht) missbrauchen, Urlaubs beraubt werden. Hält und gilt es, so der Papst des anderen Tages seiner Erwählung Regeln und Gesetze macht in seiner Kanzlei, dadurch unsere Stifte und Pfründen beraubt werden, da er kein Recht zu hat; so soll es viel mehr gelten, so der Kaiser Carolus des anderen Tages seiner Krönung Regeln und Gesetze gäbe, durch ganz Deutschland kein Lehen und Pfründe mehr gen Rom lassen kommen durch des Papstes Monat, und was hineinkommen ist, wieder frei werde und von dem römischen Räuber erlöst; dazu er Recht hat von Amts wegen seines Schwertes.

42 Nun hat der römische Geiz und Raubstuhl nicht mögen der Zeit erwarten, dass durch die Papstmonate alle Lehen hineinkämen, eines nach dem anderen; sondern eilt nach seinem unersättlichen Wanst, dass er sie alle aufs Kürzeste hineinreiße, und hat über die Annaten und Monate einen solchen Fund erdacht, dass die Lehen und Pfründen noch dreierlei Weise zu Rom behaftet (d. i. festgehalten) werden.

43 Zum Ersten, so der, so eine freie Pfründe hat, zu Rom oder auf dem Weg stirbt, dieselbe muss ewig eigen bleiben des Römischen, räuberischen Stuhls, sollte ich sagen und wollen dennoch nicht Räuber heißen, so solche Räuberei niemand je gehört noch gelesen hat.

44 Zum anderen, so der ein Lehen hat oder überkommt, der des Papstes oder Kardinäle Gesinde ist, oder, so er zuvor ein Lehen hat und darnach eines Papstes oder Kardinals Gesinde wird. Nun, wer mag des Papstes und der Kardinäle Gesinde zählen, so der Papst, wenn er nur spazieren reitet, bei drei- oder viertausend Maulreiter um sich hat, trotz allen Kaisern und Königen. Denn Christus und St. Peter gingen zu Fuß, auf dass ihre Statthalter desto mehr zu prachten und prangen hätten. Nun hat der Geiz weiter sich erklügelt und schafft, dass auch heraußen viele den Namen haben päpstlich Gesindes wie zu Rom, dass nur in allen Orten das bloße schalkhaftige Wörtlein „Papstes Gesinde" alle Lehen an den Römischen Stuhl bringe und ewiglich hefte. Sind das nicht verdrießliche, teuflische Funde? Sehen wir zu, so soll Mainz, Magdeburg, Halberstadt, gar fein gen Rom kommen und das Kardinalat teuer genug bezahlt werden. Darnach wollen wir alle deutsche Bischöfe zu Kardinälen machen, dass nichts heraußen bleibe.

45 Zum Dritten, wo um ein Lehen ein Hader sich zu Rom angefangen, welches, ich achte, fast die allgemeinste und größte Straße ist, die Pfründen gen Rom zu bringen. Denn wo hier kein Hader ist, findet man unzählig Buben zu Rom, die Hader aus der Erde graben und Pfründen angreifen, wo sie nur wollen; da mancher fromme Priester seine Pfründe muss verlieren oder mit einer Summe Geldes den Hader abkaufen für eine Zeit lang; solch Lehen, mit Haderrecht oder Unrecht verhaftet, muss auch des Römischen Stuhls ewig eigen sein. Es wäre nicht Wunder, dass Gott vom Himmel Schwefel und höllisch Feuer regnete und Rom in Abgrund versenkte, wie er vorzeiten Sodoma und Gomorra tat, 1 Mos 19,24. Was soll ein Papst in der Christenheit, wenn man seiner Gewalt nicht anders braucht, denn zu solcher Hauptbosheit, und er dieselbe schützt und handhabt? O edle Fürsten und Herren, wie lange wollt ihr euer Land und Leute solchen reißenden Wölfen offen und frei lassen?

46 Da nun solche Praktik nicht genug war und dem Geiz die Zeit zu lange ward, alle Bistümer mit hineinzureißen, hat mein lieber Geiz doch so viel erfunden, dass die Bistümer mit Namen heraußen und mit dem Grund und Boden zu Rom sind. Und dass also kein Bischof mag bestätigt werden, er kaufe denn mit großer Summe Geldes das Pallium, und verpflichte sich mit gräulichen Eiden zu einem eigenen Knecht dem Papst. Daher kommt's, dass kein Bischof wider den Papst darf handeln. Das haben die Römer auch gesucht mit dem Eid und sind so die allerreichsten Bistümer in Schuld und Verderben gekommen. Mainz, höre ich, gibt zwanzigtausend Gulden; das sind mir je Römer, als mich dünkt. Sie haben's wohl vorzeiten gesetzt im geistlichen Recht, das Pallium umsonst zu geben, des Papstes Gesinde wenigern, Ha-

der mindern, den Stiften und Bischöfen ihre Freiheit lassen: aber das wollte nicht Geld tragen; darum ist das Blatt umgekehrt und ist den Bischöfen und Stiften alle Gewalt genommen, sitzen wie die Ziffern, haben weder Amt, Macht noch Werk, sondern es regieren alle Dinge die Hauptbuben zu Rom, auch schier des Küsters und Glöckners Amt in allen Kirchen; alle Hader werden gen Rom gezogen, tut jedermann durch des Papstes Gewalt, was er will.

47 Was ist geschehen in diesem Jahr? Der Bischof zu Straßburg wollte sein Stift ordentlich regieren und reformieren im Gottesdienst und stellte etliche göttliche und christliche Artikel dazu dienlich. Aber mein lieber Papst und der Heilige Römische Stuhl stößt zu Boden und verdammt solche heilige geistliche Ordnung ganz miteinander durch Anlangen (auf Ansuchen) der Priesterschaft. Das heißt die Schafe Christi geweidet, so soll man Priester wider ihren eigenen Bischof stärken und ihren Ungehorsam in göttlichen Gesetzen schützen. Solche öffentliche Schmach Gottes wird der Endchrist, hoffe ich, nicht vornehmen. Da habt ihr den Papst, wie ihr habt gewollt. Warum das? Ei, wo eine Kirche würde reformiert, wäre das Einreißen gefährlich, das Rom müsste vielleicht auch daran; darüber sollte man eher keinen Priester mit dem anderen eins bleiben lassen und, wie sie bisher gewohnt, Fürsten und Könige uneins machen, die Welt mit Christenblut erfüllen, dass je nicht der Christen Einigkeit dem Heiligen Römischen Stuhl durch Reformieren zu schaffen gebe.

48 Bisher haben wir verstanden, wie sie mit den Pfründen handeln, die verfallen und loswerden. Nun erfällt dem zarten Geiz zu wenig los; darum hat er seine Vorsichtig-

keit erzeigt auch in die Lehen, die noch besessen sind durch ihre Verweser, dass dieselben auch los sein müssen, ob sie schon nicht los sind; und das auf mancherlei Weise.

49 Zum Ersten lauert er, wo fette Präbenden sind oder Bistümer, durch einen Alten oder Kranken, oder auch mit einer erdichteten Untüchtigkeit besessen; demselben gibt der Heilige Stuhl einen Coadjutor, das ist einen Mithelfer, ohne seinen Willen und Dank, zu gut dem Coadjutor, darum, dass er des Papstes Gesinde ist oder Geld darum gibt oder es sonst mit einem römischen Frondienst verdient hat. Da muss denn abgehen freie Erwählung des Kapitels, oder Recht dessen, der die Pfründen hat zu verleihen; und alles nur gen Rom.

50 Zum anderen heißt ein Wörtlein Kommenden, das ist, wenn der Papst einem Kardinal oder sonst seiner einem, ein reiches fettes Kloster oder Kirche befiehlt zu behalten; gleich als wenn ich dir hundert Gulden zu behalten täte. Dies heißt das Kloster nicht geben noch verleihen, auch nicht zerstören, noch Gottesdient abtun; sondern allein zu behalten tun; nicht, dass er's bewahren oder bauen soll, sondern die Person austreiben, die Güter und Zinsen einnehmen und irgendeinen Apostaten, verlaufenen Mönch hineinsetzen, der fünf oder sechs Gulden des Jahres nimmt und sitzt des Tages in der Kirche, verkauft den Pilgern Zeichen und Bildlein, dass weder Singen noch Lesen daselbst mehr geschieht. Denn wo das hieße Klöster zerstören und Gottesdienst abtun, so müsste man den Papst nennen einen Zerstörer der Christenheit und Abtäter des Gottesdienstes. Denn er treibt es fürwahr mächtig. Das wäre ein harte Sprache zu Rom; darum muss man es nennen eine Kommende oder Befehlung, das Kloster zu behalten. Dieser Klöster kann der

Papst vier oder mehr in einem Jahr zu Kommenden machen, da eines mehr denn sechstausend Gulden Einkommen hat. Also mehren sie zu Rom Gottesdienst und erhalten die Klöster, das lernt sich in deutschen Landen auch.

51 Zum Dritten sind etliche Lehen, die sie heißen *incompatibilia* (d. i. unvereinbare), die nach Ordnung geistlichen Rechts nicht mögen miteinander behalten werden, als da sind zwei Pfarren, zwei Bistümer und dergleichen. Hier dreht sich der Heilige Römische Stuhl und Geiz also aus dem geistlichen Recht, dass er ihm Glossen macht, die heißen *Unio et incorporatio* (d. i. Vereinigung und Einverleibung), das ist, dass er viel *incompatibilia* ineinander leibt, dass eines des anderen Glied sei und also gleich als Eine Pfründe geachtet werden, so sind sie nimmer *incompatibilia* und es ist dem heiligen geistlichen Recht geholfen, dass es nicht mehr bindet, denn allein bei denen, die solche Glossen dem Papst und seinem Datarius nicht abkaufen. Der Art ist auch die *Unio*, das ist Vereinigung, dass er solcher Lehen viel zusammenkoppelt als ein Bund Holz, um welches Koppelns willen sie alle für Ein Lehen gehalten werden. Also findet man wohl einen Kurtisanen (Höfling) zu Rom, der für sich allein 22 Pfarren, 7 Propsteien und 44 Pfründen dazu hat; welches alles hilft solche meisterliche Glosse, und hält, dass es nicht wider Recht sei. Was nun Kardinäle und andere Prälaten haben, bedenke ein jeglicher selbst. So soll man den Deutschen den Beutel räumen und den Kitzel vertreiben.

52 Der Glossen eine ist auch *Administratio* (d. i. Verwaltung), das ist, dass einer neben seinem Bistum Abteien oder Dignitäten habe und alles Gut besitze, ohne dass er den Namen nicht habe denn allein *Administrator* (Verwalter)

Denn es ist zu Rom genug, dass die Wörtlein sich wandeln und nicht die Tat; gleich als wenn ich lehrte, die Hurenwirtin sollte Bürgermeisterin heißen und doch bleiben so fromm, als sie ist. Solch römisch Regiment hat St. Peter verkündigt, da er sagt, 2 Petr 2,3: „Es werden falsche Meister kommen, die in Geizerei mit erdichteten Worten über euch handeln werden", ihren Gewinst zu treiben.

53 Es hat auch der liebe römische Geiz den Brauch erdacht, dass man die Pfründen und Lehen verkauft und verleiht auf solchen Vorteil, dass der Verkäufer oder Hantierer darauf behält den Anfall und Zuspruch, dass, so der Besitzer stirbt, das Lehen frei wieder heimsterbe dem, der es vorher verkauft, verliehen oder überlassen hat; damit sie aus den Pfründen Erbgüter gemacht haben, dass niemand mehr dazu kommen kann, denn welchem der Verkäufer dasselbe verkaufen will oder sein Recht daran bescheidet an seinem Tod. Daneben sind ihrer viele, die ein Lehen dem anderen aufgeben, nur mit dem Titel, daran er keinen Heller empfängt. Es ist auch nun alt geworden, dass einer dem anderen ein Lehen aufgibt, mit Vorbehalt etlicher Summen jährlichen Zinses, welches vorzeiten Simonie war. Und der Stücklein viel mehr, die nicht zu zählen sind, und gehen also viel schändlicher mit den Pfründen um, denn die Heiden unter dem Kreuz mit Christi Kleidern, Mt 27,35.

54 Aber alles, was bisher gesagt, ist fast alt und gewöhnlich worden zu Rom. Noch eines hat der Geiz erdacht, dass ich hoffe, soll das Letzte sein, daran er erwürge. Der Papst hat ein edles Fündlein, das heißt *pectoralis reservatio*, das ist seines Gemütes Vorbehalt, et *proprius motus* und eigener Mutwille der Gewalt. Das geht also zu: Wenn einer zu Rom

ein Lehen erlangt, dass ihm wird signiert (besiegelt) und redlicherweise zugeschrieben, wie da der Brauch ist, so kommt dann einer, der Geld bringt, oder sonst verdient hat, da nicht von zu sagen ist, und begehrt dasselbe Lehen von dem Papst, so gibt er es ihm und nimmt's dem anderen. Spricht man dann, er sei unrecht, so muss der allerheiligste Vater sich entschuldigen, dass er nicht so öffentlich mit Gewalt wider Rechthandeln gestraft werde und spricht: Er habe in seinem Herzen und Gemüt dasselbe Lehen ihm selbst und seiner vollen Gewalt vorbehalten so er doch sein Lebtag zuvor nie davon gedacht noch gehört hat. Und hat nun also ein Glösslein gefunden, dass er in eigener Person lügen, trügen und jedermann äffen und narren mag, und das alles unverschämt und öffentlich; und will dennoch das Haupt der Christenheit sein, lässt sich mit öffentlichen Lügen den bösen Geist regieren.

55 Dieser Mutwille und lügenhaftige Vorbehalt des Papstes macht nun zu Rom ein solch Wesen, dass niemand davon reden kann. Da ist ein Kaufen, Verkaufen, Wechseln, Tauschen, Rauschen, Lügen, Betrügen, Rauben, Stehlen, Prachten, Hurerei, Büberei, auf allerlei Weise Gottes Verachtung, dass nicht möglich ist, dem Endchrist lästerlicher zu regieren. Es ist nichts mit Venedig, Antorf (Antwerpen), Alkair (Kairo, damals der Mittelpunkt des Handels zwischen Morgen- und Abendland) gegen diesen Jahrmarkt und Kaufshandel zu Rom; ohne dass dort doch Vernunft und Recht gehalten wird; hier geht es, wie der Teufel selbst will. Und aus dem Meer fließt nun in alle Welt gleiche Tugend. Sollten sich solche Leute nicht billig fürchten vor der Reformation und einem freien Konzilium, und eher alle Könige und Fürsten ineinanderhängen, dass je nicht durch ihr Einigkeit ein Konzilium werde? Wer mag leiden, dass solch seine Büberei an Tag komme.

56 Zuletzt hat der Papst zu diesen allen edlen Händeln ein eigenes Kaufhaus aufgerichtet, das ist des Datarius Haus zu Rom. Dahin müssen alle die kommen, die dieser Weise nach um Lehen und Pfründen handeln; demselben muss man solche Glossen und Hantierung abkaufen und Macht erlangen, solche Hauptbüberei zu treiben. Es war vorzeiten noch gnädig zu Rom, da man das Recht musste kaufen oder mit Geld niederdrücken; aber jetzt ist sie so köstlich geworden, dass sie niemand lässt Büberei treiben, es muss mit Summen zuvor erkauft werden. Ist das nicht ein Hurenhaus über alle Hurenhäuser, die jemand erdenken möchte, so weiß ich nicht, was Hurenhäuser heißen.

57 Hast du nun Geld in diesem Haus, so kannst du zu allen den gesagten Stücken kommen; und nicht allein zu denselben, sondern allerlei Wucher wird hier um Geld redlich, als: gestohlen, geraubt Gut gerechtfertigt. Hier werden die Gelübde aufgehoben; hier wird den Mönchen Freiheit gegeben, aus dem Orden zu gehen; hier ist feil der eheliche Stand den Geistlichen; hier mögen Hurenkinder ehelich werden; alle Unehre und Schand hier zu Würden kommen; aller böser Tadel und Mahl hier zum Ritter geschlagen und edel wird. Hier muss sich der eheliche Stand leiden, der in verbotenem Grad oder sonst einen Mangel hat. O welch eine Schätzerei und Schinderei regiert da, dass es einen Schein hat, dass alle geistlichen Gesetze allein darum gesetzt sind, dass nur viel Geldstricke würden, daraus sich müsste lösen, wer ein Christ sein soll. Ja, hier wird der Teufel ein Heiliger und ein Gott dazu. Was Himmel und Erde nicht vermag, das vermag dies Haus. Es heißen *Compositiones* (d. i. Ordnungen), freilich *compositiones*, ja *confusiones* (d. i. Unordnungen). O wie ein schlechter Schatz ist der Zoll am Rhein gegenüber diesem heiligen Haus.

58 Niemand soll achten, dass ich zu viel sage; es ist alles öffentlich, dass sie selbst zu Rom müssen bekennen, es sei gräulicher und mehr, denn jemand sagen könnte. Ich habe noch nicht, will auch nicht rühren die rechte helle Grundsuppe von den persönlichen Lastern; ich rede nur von gemeinen läuftigen Sachen und kann sie dennoch mit Worten nicht erlangen. Es sollten Bischöfe, Priesterschaft, und zuvor die Doktoren der Universitäten, die darum besoldet sind, ihrer Pflicht nach hierwieder einträchtiglich geschrieben und geschrien haben. Ja, wende das Blatt um, so findest du es.

59 Es ist auch das Valete dahinten, das muss ich auch geben. Da nun der unausmessliche Geiz noch nicht genug hatte an allen diesen Schätzen, da billig sich drei mächtige Könige ließen an begnügen, hebt er nun an, solche seine Händel zu versetzen und verkaufen dem Fugger zu Augsburg, dass nun Bistümer und Lehen zu verleihen, tauschen, kaufen und die liebe Hantierung geistlicher Güter treiben eben auf den rechten Ort ist gekommen und nun aus geistlichen und weltlichen Gütern Eine Hantierung geworden. Nun möchte ich gerne eine so hohe Vernunft hören, die erdenken möchte, was nun hinfort könnte geschehen durch den römischen Geiz, das nicht geschehen sei; es wäre denn, dass der Fugger seine beiden und nun einigen Handel auch jemandem versetzt oder verkauft. Ich meine, es sei ans Ende gekommen. Denn was sie mit Ablass, Bullen, Beichtbriefen, Butterbriefen und anderen *Confessionalibus* (d. i. Sachen, die auf die Beichte Bezug haben) haben in allen Landen gestohlen, noch stehlen und erschinden, achte ich als Flickwerk und gleich, als wenn man mit einem Teufel in die Hölle würfe. Nicht, dass sie wenig tragen, denn sich wohl davon erhalten könnte ein mächtiger König; sondern dass er gegen die obgesagten Schatzflüsse

kein Gleichen hat. Ich schweige auch noch zurzeit, wo solches Ablassgeld hingekommen ist; ein andermal will ich darnach fragen: denn Campoflore und Belvedere (die Schand- und Lustschlösser der Päpste) und etliche mehr Orte wissen wohl etwas darum.

60 Dieweil denn solch teuflisch Regiment nicht allein eine öffentliche Räuberei, Trügerei und Tyrannei der höllischen Pforten ist, sondern auch die Christenheit an Leib und Seele verdirbt, sind wir hier schuldig allen Fleiß vorzuwenden, solchen Jammer und Zerstörung der Christenheit zu wehren. Wollen wir wider die Türken streiten, so lasst uns hier anheben, da sie am allerärgsten sind. Henken wir mit Rechte die Diebe und köpfen die Räuber, warum sollten wir frei lassen den römischen Geiz, der der größte Dieb und Räuber ist, der auf Erden gekommen ist oder kommen mag? und das alles in Christi und St. Peters heiligem Namen. Wer kann's doch zuletzt leiden oder schweigen? Es ist je gestohlen und geraubt fast alles, was er hat, das ist je nicht anders; welches aus allen Historien bewährt wird. Es hat je der Papst solche großen Güter nicht gekauft, dass er von seinen *Officii* (Ämtern) mag aufheben bei zehnhunderttausend Dukaten ohne die obgenannten Schatzgruben und sein Land. So hat's ihm Christus und St. Peter auch nicht aufgeerbet; so hat's ihm auch niemand gegeben noch geliehen; so ist's auch nicht ersessen noch erjährt. Sage du mir, woher mag er's haben? Daraus merke, was sie suchen und meinen, wenn sie Legaten heraussenden, Geld zu sammlen wider den Türken.

61 Wiewohl ich nun zu gering bin, Stücke vorzulegen, zu solches gräulichen Wesens Besserung dienlich: will ich doch das Narrenspiel hinaussingen und sagen, so viel mein Verstand vermag, was wohl geschehen möchte und sollte von weltlicher Gewalt oder allgemeinem Konzilium.

62 Zum Ersten, dass ein jeglicher Fürst, Adel, Stadt, in ihren Untertanen frisch an verbiete, die Annaten gen Rom zu geben, und sie gar abtue. Denn der Papst hat den Pakt gebrochen, und eine Räuberei gemacht aus den Annaten, zu Schaden und Schanden gemeiner deutscher Nation; gibt sie seinen Freunden, verkauft sie für groß Geld, und stiftet *Officia* (Ämter) darauf; darum hat er das Recht dazu verloren und Strafe verdient. So ist die weltliche Gewalt schuldig zu schützen die Unschuldigen und wehren das Unrecht, wie St. Paulus, Röm 13,4 lehrt und St. Peter, 1 Petr 2,14, ja auch das geistliche Recht *16, qu. 7 de filiis*. Daher es gekommen ist, dass man sagt zum Papst und den Seinen: *Tu ora*, du sollst beten; zum Kaiser und den Seinen: *Tu protege*, du sollst schützen; zu dem gemeinen Mann: *Tu labora*, du sollst arbeiten. Nicht also, dass nicht ein jeglicher beten, schützen, arbeiten sollte, denn es ist alles gebetet, geschützt, gearbeitet, wer in seinem Werk sich übt; sondern dass einem jeglichen sein Werk zugeeignet werde.

63 Zum anderen, dieweil der Papst mit seinen römischen Praktiken, Kommenden, Adjutorien, Reservation (Vorbehalt, siehe § 54), *Gratiis exspectativis*, Papstmonat, Inkorporation (Einverleibung), Union (Vereinigung, siehe § 51) Pension, Pallien, Kanzleiregeln und dergleichen Büberei, alle

deutschen Stifte ohne Gewalt und Recht an sich reißt, und dieselben zu Rom Fremden, die nichts in deutschen Landen dafür tun, gibt und verkauft, damit er die Ordinarien beraubt ihres Rechtes, macht aus den Bischöfen nur Ziffern und Ölgötzen, und also wider sein eigen geistlich Recht, Natur und Vernunft handelt, dass es zuletzt dahin gekommen, dass die Pfründen und Lehen nur groben ungelehrten Eseln und Buben zu Rom durch lauter Geiz verkauft werden; fromme gelehrte Leute ihrer Verdienste und Kunst nichts genießen, dadurch das arme Volk deutscher Nation guter gelehrter Prälaten muss ermangeln und verderben. So soll hier der christliche Adel sich gegen ihn setzen als wider einen gemeinen Feind und Zerstörer der Christenheit, um der armen Seelen Heil willen, die durch solche Tyrannei verderben müssen; setzen, gebieten und verordnen, dass hinfort kein Lehen mehr gen Rom gezogen, keines mehr darin erlangt werde auf keinerlei Weise: sondern wieder von der tyrannischen Gewalt herausgerückt, heraußen behalten und den Ordinarien ihr Recht und Amt wiedererstatten, solche Lehen zu verordnen, aufs Beste sie vermögen in deutscher Nation. Und wo ein Kurtisan herauskäme, dass demselben ein ernster Befehl geschähe, abzustehen oder in den Rhein und das nächste Wasser zu springen und den römischen Bann mit Siegel und Briefen zum kalten Bade führen; so würden sie zu Rom merken, dass die Deutschen nicht allezeit toll und voll sind, sondern auch einmal Christen geworden wären, als die den Spott und Schmach des heiligen Namens Christi, unter welchem solche Büberei und Seelenverderben geschieht, nicht mehr zu leiden gedenken, Gott und Gottes Ehre mehr achten, denn der Menschen Gewalt.

64 Zum Dritten, dass ein kaiserliches Gesetz ausgehe, keinen Bischofsmantel, auch keine Bestätigung irgendeiner Dignität fortan aus Rom zu holen; sondern dass man die Ordnung des allerheiligsten und berühmtesten Konziliums von Nicäa wieder aufrichte, darin gesetzt ist, dass ein Bischof soll bestätigt werden von den anderen zwei nächsten oder von dem Erzbischof. Wenn der Papst solche und aller Konzilien Statut will zureißen; was ist's nütze, dass man Konzilien habe? Oder wer hat ihm die Gewalt gegeben, Konzilien so zu verachten und zerreißen? So mehr tun wir ab alle Bischöfe, Erzbischöfe, Primaten, machen eitel Pfarrherren daraus, dass der Papst allein sei über sie, wie er doch jetzt ist, und den Bischöfen, Erzbischöfen, Primaten keine ordentliche Gewalt noch Amt lässt, alles zu sich reißt und ihnen nur den Namen und ledigen Titel bleiben lässt; so weit auch, dass durch seine Exemtion auch die Klöster, Äbte und Prälaten der ordentlichen Gewalt der Bischöfe entzogen und damit keine Ordnung in der Christenheit bleibt. Daraus dann folgen muss, wie erfolgt ist, Nachlass der Strafe und Freiheit, Übel zu tun in aller Welt, dass ich fürwahr besorge, man möge den Papst nennen *Hominem peccati* (d. i. den Menschen der Sünde), 2 Thess 2,3. Wem kann man Schuld geben, dass keine Zucht, keine Strafe, kein Regiment, keine Ordnung in der Christenheit ist, denn dem Papst, der durch solche seine eigene vermessene Gewalt allen Prälaten die Hand zuschließt, die Rute nimmt und allen Untertanen die Hand auftut und Freiheit gibt oder verkauft?

65 Doch dass er nicht klage, er werde seiner Obrigkeit beraubt, sollte verordnet werden, dass, wo die Primaten oder Erzbischöfe nicht möchten eine Sache ausrichten, oder unter ihnen sich ein Hader erhübe, dass alsdann dieselbe

dem Papst würde vorgetragen, und nicht ein jegliche kleine Sache; wie vorzeiten geschah und das hoch berühmte Konzilium von Nicäa gesetzt hat. Was aber ohne den Papst kann ausgerichtet werden, dass Seine Heiligkeit nicht mit solchen geringen Sachen beschwert werde, sondern ihres Gebetes und Studierens und Sorgens für die ganz Christenheit, wie er sich rühmt, warten möge; wie die Apostel taten, Apg 6,2.4, und sagten: „Es ist nicht recht, dass wir das Wort Gottes lassen und dem Tisch dienen: wir wollen an dem Predigen und Gebet hängen",und über das Werk andere verordnen. Aber nun ist Rom nichts anderes, denn des Evangeliums und Gebetes Verachtung und Tischdienst, das ist zeitliches Gutes, und reimt sich der Apostel und des Papstes Regiment zusammen, wie Christus und Luzifer, Himmel und Hölle, Nacht und Tag; und heißt doch Christi Vicarius und der Apostel Nachfolger.

66 Zum Vierten, dass verordnet werde, das keine weltliche Sache gen Rom gezogen werde, sondern dieselben alle der weltlichen Gewalt gelassen; wie sie selbst setzen in ihren geistlichen Rechten und doch nicht halten. Denn des Papstes Amt soll sein, dass er der Allergelehrteste in der Schrift, und wahrhaft, nicht mit Namen, der Allerheiligste regiere die Sachen, die den Glauben und heiliges Leben der Christen betreffen, die Primaten und Erzbischöfe dazu halten und mit ihnen drinnen handeln und Sorge tragen, wie St. Paulus, 1 Kor 6,7 lehrt, und härtiglich straft, dass sie mit weltlichen Sachen umgingen. Denn es bringt unerträglichen Schaden allen Landen, dass zu Rom solche Sachen werden gehandelt, da große Kosten aufgehen, dazu diese Richter nicht wissen die Sitten, Rechte und Gewohnheiten der Länder, dass sie mehrmals die Sachen zwingen und ziehen nach ihren Rechten und

Opinionen (d. i. Meinungen), damit den Parteien muss Unrecht geschehen. Dabei müsste man auch verbieten in allen Stiften die gräuliche Schinderei der Officiale, dass sie nicht mehr denn des Glaubens Sache und guter Sitten sich annehmen; was Geld, Gut und Leib oder Ehre betrifft, den weltlichen Richtern lassen. Darum soll die weltliche Gewalt das Bannen und Treiben nicht gestatten, wo es nicht Glauben oder gutes Leben betrifft. Geistliche Gewalt soll geistlich Gut regieren, wie das die Vernunft lehrt; geistlich Gut aber ist nicht Geld noch leiblich Ding, sondern Glaube und gute Werke.

67 Doch möchte man gönnen, dass Sachen, die da Lehen oder Pfründen betreffen, vor Bischöfen, Erzbischöfen, Primaten verhandelt würden. Darum, wo es sein möchte zu scheiden die Hader und Kriege, dass der Primat in Germanien ein gemein Konsistorium hielte mit *Adjutoribus* (d. i. Beisitzern), Kanzlern, das, wie zu Rom, *signaturas gratiae et justitiae* (d. i. die Ausstellungen von Vergünstigungen und Anrechten) regierte, zu welchen durch Appellation die Sachen in deutschen Landen würden ordentlich gebracht und getrieben, welche man nicht, wie zu Rom, mit zufälligen Geschenken und Gaben besolden müsste, dadurch sie gewohnten, Recht und Unrecht verkaufen, wie sie jetzt zu Rom müssen tun darum, dass ihnen der Papst kein Sold gibt, lässt sie sich mit Geschenken selbst mästen; denn es liegt je zu Rom niemand etwas daran, was Recht oder Unrecht, sondern was Geld oder nicht Geld ist; sondern diese möchte man besolden von den Annaten oder sonst einen Weg erdenken; wie denn wohl vermögen die Hochverständigeren und in den Sachen besser Erfahrenen, denn ich bin. Ich will nur angeregt und Ursache zu bedenken gegeben haben denen, die da vermögen und geneigt sind, deutscher Nation zu helfen, wiede-

rum Christen und frei zu werden nach dem elenden, heidnischen und unchristlichen Regiment des Papstes.

68 Zum Fünften, dass keine Reservation mehr gelte und kein Lehen mehr behaft werde zu Rom, es sterbe der Besitzer, es sei Hader darob oder sei eines Kardinals oder Papstes Gesinde. Und dass man strenglich verbiete und wehre, dass kein Kurtisan auf irgendein Lehen Hader anfange, die frommen Priester zu zitieren, tribulieren und aufs Kontentieren (d. i. Genüge leisten, Bezahlen) treiben. Und wo darum aus Rom ein Bann oder geistlicher Zwang käme, dass man den verachte, als wenn ein Dieb jemanden in Bann täte darum, dass man ihn nicht wollte stehlen lassen; ja, man sollte sie hart strafen, dass sie des Bannes und göttliches Namens so lästerlich missbrauchen, ihre Räuberei zu stärken und mit falschem erdichtetem Dräuen uns treiben wollen dahin, dass wir solche Lästerung göttliches Namens und Missbrauch christlicher Gewalt sollen leiden und loben und ihrer Schalkheit vor Gott teilhaftig werden, so wir ihr zu wehren vor Gott schuldig sind, wie St. Paulus, Röm 1,32, dieselben straft: „Sie sind des Todes würdig, dass sie nicht allein solches tun, sondern auch dass sie verwilligen und gestatten solches zu tun." Zuvor aber die lügenhaftige *reservatio pectoralis* (d. i. der im Herzen gemachte heimliche Vorbehalt) ist unleidlich, dadurch die Christenheit so lästerlich und öffentlich wird zur Schmach und Spott gesetzt, dass ihr Oberster mit öffentlichen Lügen handelt und um das verfluchte Gut jedermann unverschämt betrügt und narrt.

69 Zum Sechsten, dass auch abgetan werden die *Casus reservati*, die vorbehaltenen Fälle, damit nicht allein viel Geld von den Leuten geschunden wird, sondern viel armer

Gewissen von dem wütrichen Tyrannen verstrickt und verwirrt, zu unerträglichem Schaden ihres Glaubens zu Gott; sonderlich die lächerlichen, kindischen Fälle, die sie aufblasen mit der Bulle *Coena Domini*, die nicht würdig sind, dass man es täglich Sünde nennen sollte, geschweige denn, so große Fälle, die der Papst mit keinem Ablass nachlässt: als da sind, so jemand verhinderte einen Pilgrim gen Rom oder brächte den Türken Wehre oder verfälschte des Papstes Briefe. Sie narren uns mit so groben, tollen, unbehänden Stücken; Sodoma und Gomorra und alle Sünden, die wider Gottes Gebot geschehen und geschehen mögen, sind nicht *Casus reservati*, aber was Gott nie geboten hat und sie selbst erdacht haben, das müssen *Casus reservati* sein, nur dass man niemand hindere, Geld gen Rom zu bringen, dass sie vor dem Türken sicher in Wollust leben und mit ihren losen, unnützen Bullen und Briefen die Welt in ihrer Tyrannei behalten.

70 Sollte nun billig ein solch Wissen bei allen Priestern oder eine öffentliche Ordnung sein, dass keine heimliche, unverklagte Sünde ein vorbehaltener Fall ist, und ein jeglicher Priester Gewalt hat, allerlei Sünden zu entbinden, wie sie immer genannt werden, wo sie heimlich sind; auch weder Abt, Bischof noch Papst Gewalt hat, deren eine ihm vorzubehalten. Und wo sie das täten, so hält und gilt es nichts; wären auch darum zu strafen, als die ohne Befehl in Gottes Gericht fallen und ohne Ursache die armen, unverständigen Gewissen verstricken und beschweren. Wo es aber öffentliche große Sünden sind, besonders wider Gottes Gebot, da hat's wohl einen Grund, *Casus reservatos* zu haben. Doch auch nicht zu viel; auch nicht aus eigener Gewalt ohne Ursache. Denn Christus hat nicht Tyrannen, sondern Hirten in seine Kirche gesetzt, wie St. Petrus sagt, 1 Petr 5,2–3.

71 Zum Siebenten, dass der Römische Stuhl die Officia (Ämter) abtue, das Gewürm und Geschwürm zu Rom wenigere, auf dass des Papstes Gesinde möge von des Papstes eigenem Gut ernährt werden, und lasse seinen Hof nicht aller Könige Hof mit Prangen und Kosten übertreffen; angesehen, dass solch Wesen nicht allein nie gedient hat zur Sachen des christlichen Glaubens, sondern sie auch dadurch verhindert am Studieren und Gebet, dass sie selbst fast nichts mehr wissen vom Glauben zu sagen; welches sie gar gröblich bewiesen haben in diesem letzten römischen Konzilium, darinnen unter vielen kindischen, leichtfertigen Artikeln auch das gesetzt haben, dass des Menschen Seele sei unsterblich und ein Priester je einmal im Monat sein Gebet zu sprechen schuldig ist, will er sein Lehen nicht verlieren. Was sollten die Leute über der Christenheit und Glaubens Sachen richten, die, vor großem Geiz, Gut und weltlicher Pracht verstockt und verblendet, nun allererst setzen, die Seele sei unsterblich? Welches nicht eine geringe Schmach ist aller Christenheit, so schimpflich zu Rom mit dem Glauben umgehen. Hätten sie nun weniger Gut und Prangen, so möchten sie besser studieren und beten, dass sie würdig und tüchtig würden, des Glaubens Sachen zu handeln; wie sie vorzeiten waren, da sie Bischöfe und nicht Könige aller Könige zu sein sich vermaßen.

72 Zum Achten, dass die schweren, gräulichen Eide aufgehoben würden, so die Bischöfe dem Papst zu tun gezwungen ohne alles Recht, damit sie, gleichwie die Knechte, gefangen werden; wie das untüchtige, ungelehrte Kapitel, *Significasti* von eigener Gewalt und großem Unverstand setzt. Ist's nicht genug, dass sie uns Gut, Leib und Seele beschweren mit vielen ihren tollen Gesetzen, dadurch den Glauben geschwächt, die Christenheit verdorben, sie nehmen denn

auch gefangen die Personen, ihr Amt und Werk; dazu auch die Investitur, die vorzeiten (ein Recht) der deutschen Kaiser gewesen und in Frankreich und etlichen Königreichen noch der Könige ist. Darüber sie mit den Kaisern großen Krieg und Hader gehabt, so lange, bis dass sie sie mit frecher Gewalt genommen und behalten haben bisher, gerade als müssten die Deutschen vor allen Christen auf Erden des Papstes und Römischen Stuhles Gockelnarren sein, tun und leiden, was sonst niemand leiden noch tun will. Dieweil denn dies Stück eitel Gewalt und Räuberei ist zum Hindernis bischöflicher ordentlicher Gewalt und zu Schaden der armen Seelen, ist der Kaiser mit seinem Adel schuldig, solche Tyrannei zu verwehren und strafen.

73 Zum Neunten, dass der Papst über den Kaiser keine Gewalt habe, ohne dass er ihn auf dem Altar salbe und kröne, wie ein Bischof einen König krönt; und je nicht der teuflischen Hoffart hinfort zugelassen werde, dass der Kaiser des Papstes Füße küsse oder zu seinen Füßen sitze oder, wie man sagt, ihm den Stegreif halte und den Zaum seines Maulpferds, wenn er aufsitzt zu reiten; noch viel weniger dem Papst huldige und treue Untertänigkeit schwöre, wie die Päpste unverschämt vornehmen zu fordern, als hätten sie Recht dazu. Es ist das Kapitel *Solitae*, darin päpstliche Gewalt über kaiserliche Gewalt erhoben wird, nicht eines Hellers wert, und alle, die sich darauf gründen oder davor fürchten; dieweil es nichts anderes tut, denn die heiligen Worte Gottes zwingt und dringt von ihrem rechten Verstand auf ihre eigenen Träume, wie ich das angezeigt habe im Latein.

74 Solch überschwängliches, überhochmütiges, überfreventliches Vornehmen des Papstes hat der Teufel er-

dacht, darunter mit der Zeit den Endchrist einzuführen und den Papst über Gott zu erheben; wie denn schon viele tun und getan haben. Es gebührt nicht dem Papst, sich zu erheben über weltliche Gewalt, denn allein in geistlichen Ämtern, als da sind Predigen und Absolvieren. In anderen Stücken soll er darunter sein, wie St. Paulus, Röm 13,1 und 1 Petr 3,13–14 lehren; als ich droben gesagt habe. Es ist nicht ein Statthalter Christi im Himmel, sondern allein Christi, auf Erden wandelnd. Denn Christus im Himmel, in der regierenden Form, bedarf keines Statthalters, sondern sitzt, sieht, tut, weiß und vermag alle Dinge. Aber er bedarf seiner in der dienenden Form, als er auf Erden ging, mit Arbeiten, Predigen, Leiden und Sterben. So kehren sie es um, nehmen Christo die himmlisch regierende Form und geben sie dem Papst; lassen die dienende Form ganz untergehen. Er sollte schier der Widerchrist sein, den die Schrift heißt Antichrist; geht doch all sein Wesen, Werk und Vornehmen wider Christum, nur Christi Wesen und Werk zu vertilgen und zerstören.

75 Es ist auch lächerlich und kindisch, dass der Papst aus solchem verblendeten, verkehrten Grund sich rühmt in seinem Dekretal *Pastoralis*, er sei des Kaisertums ein ordentlicher Erbe, so es ledig stünde. Wer hat es ihm gegeben? Hat's Christus getan, da er sagt, Lk 22,25–26: „Die Fürsten der Heiden sind Herren; ihr aber sollt nicht so sein?" Hat's ihm St. Peter aufgeerbt? Mich verdrießt, dass wir solch unverschämte, grobe, tolle Lügen müssen im geistlichen Recht lesen und lehren, dazu für christliche Lehre halten, so es doch teuflische Lügen sind. Welcher Art auch ist die unerhörte Lüge *de donatione Constantini* (d. i. von der Schenkung des Kirchenstaates an die Päpste, die der Kaiser Konstantin gemacht haben soll). Es muss ein besondere Plage von Gott gewesen

sein, dass so viele verständige Leute sich haben lassen bereden, solche Lügen aufzunehmen, so sie doch so ganz grob und unbehänd sind, dass mich dünkt, es sollte ein trunkener Bauer behänder und geschickter lügen können. Wie sollte bestehen bei einem Kaisertum zu regieren: predigen, beten, studieren und der Armen warten? Welch Amt aufs Allereigentlichste dem Papst zusteht und von Christo mit so großem Ernst aufgelegt, dass er auch verbot, „sie sollten nicht Röcke, nicht Geld mit sich tragen", Mt 10,10, sintemal der kaum solcher Ämter warten kann, der ein einziges Haus regieren muss; und der Papst will Kaisertum regieren, dazu Papst bleiben. Es haben's die Buben erdacht, die unter des Papstes Namen gerne Herren wären über die Welt, und das zerstörte Römische Reich durch den Papst und Namen Christi wieder aufrichten, wie es zuvor gewesen ist.

76 Zum Zehnten, dass sich der Papst enthalte, die Hand aus der Suppen ziehe, sich keines Titels unterwinde des Königreichs zu Neapel und Sizilien. Er hat ebenso viel Recht daran als ich, will dennoch Lehensherr darüber sein. Es ist ein Raub und Gewalt, wie fast alle anderen seine Güter sind; darum sollte ihm der Kaiser solches Lehen nicht gestatten, und wo es geschehen wäre, nicht mehr verwilligen, sondern ihm die Biblien und Gebetbücher dafür anzeigen, dass er weltliche Herren lasse Land und Leute regieren, sonderlich die ihm niemand gegeben hat; und er predige und bete. Solche Meinung sollte auch gehalten werden über Bononien (Bologna), Imola, Vincenz, Ravenna und alles, was der Papst in der Anconitaner Mark, Romandiola und mehr Ländern Welschlands mit Gewalt eingenommen und mit Unrecht besitzt, dazu wider alle Gebote Christi und St. Pauli sich dreinmengt. Denn also sagt St. Paulus, 2 Tim 2,4: „Niemand wi-

ckelt sich in die weltlichen Geschäfte, der göttlicher Ritterschaft warten soll." Nun soll der Papst das Haupt und der Erste sein in dieser Ritterschaft und mengt sich mehr in weltliche Geschäfte denn kein Kaiser noch König; je, so müsste man ihm heraushelfen und seiner Ritterschaft warten lassen. Christus auch, dessen Statthalter er sich rühmt, wollte noch nie mit weltlichem Regiment zu schaffen haben, so gar, dass er zu einem, der ein Urteil von ihm über seinen Bruder begehrte, sprach, Lk 12,14: „Wer hat mich dir zu einem Richter gemacht?" Aber der Papst fährt einher unberufen, unterwindet sich aller Dinge, wie ein Gott, bis dass er selbst nicht mehr weiß, was Christus sei, zu dessen Statthalter er sich aufwirft.

77 Zum Elften, dass das Fußküssen des Papstes auch nicht mehr geschehe. Es ist ein unchristlich, ja endchristlich Exempel, dass ein armer sündiger Mensch ihm lässt seine Füße küssen von dem, der hundertmal besser ist denn er. Geschieht es der Gewalt zu Ehren, warum tut es der Papst auch nicht den anderen der Heiligkeit zu Ehren? Halte sie gegeneinander, Christum und den Papst. Christus wusch seinen Jüngern die Füße und trocknete sie, und die Jünger wuschen sie ihm noch nie. Der Papst, als höher denn Christus, kehrt das um und lässt es eine große Gnade sein, ihm seine Füße zu küssen; der doch das billig, so es jemand von ihm begehrte, mit allem Vermögen wehren sollte, wie St. Paulus und Barnabas, die sich nicht wollten lassen ehren als Gott von den zu Lystra,sondern sprachen: „Wir sind gleich Menschen als ihr", Apg 14,14ff. Aber unsere Schmeichler haben's so hoch gebracht und uns einen Abgott gemacht, dass niemand sich so fürchtet vor Gott, niemand ihn mit solchen Gebärden ehrt als den Papst. Das können sie wohl leiden, aber gar nicht, so

des Papstes Prachten ein Haarbreit würde abgebrochen. Wenn sie nun Christen wären und Gottes Ehre lieber hätten denn ihre eigene, würde der Papst nimmer fröhlich werden, wo er gewahr würde, dass Gottes Ehre verachtet und seine eigene erhoben wäre, würde auch niemand lassen ihn ehren, bis er vermerkte, dass Gottes Ehre wieder erhoben und größer denn seine Ehre wäre.

78 Derselben großen ärgerlichen Hoffart ist auch das ein hässlich Stück, dass der Papst ihm nicht lässt begnügen, dass er reiten oder fahren möge, sondern, ob er wohl stark und gesund ist, sich von Menschen, als ein Abgott, mit unerhörter Pracht tragen lässt. Lieber, wie reimt sich doch solch luziferische Hoffart mit Christo, der zu Fuß gegangen ist und alle sein Apostel? Wo ist ein weltlicher König gewesen, der so weltlich und prächtig je gefahren hat, als der fährt, der ein Haupt sein will aller derer, die weltliche Pracht verschmähen und fliehen sollen, das ist der Christen? Nicht, dass uns das fast soll bewegen an ihm selbst; sondern, dass wir billig Gottes Zorn fürchten sollen, so wir solcher Hoffart schmeicheln und unseren Verdruss nicht merken lassen. Es ist genug, dass der Papst also tobt und narrt; es ist aber zu viel, so wir das billigen und vergönnen.

79 Denn welch Christenherz mag oder soll das mit Lust sehen, dass der Papst, wenn er sich will lassen kommunizieren, still sitzt als ein Gnadenjunker und lässt ihm das Sakrament von einem knienden, gebeugten Kardinal mit einem goldenen Rohr reichen; gerade als wäre das heilige Sakrament nicht würdig, dass ein Papst, ein armer stinkender Sünder, aufstünde, seinem Gott eine Ehre täte; so doch alle anderen Christen, die viel heiliger sind denn der allerheiligste

Vater, der Papst, mit aller Ehrerbietung dasselbe empfangen? Was wäre es Wunder, dass uns Gott allesamt plagte, dass wir solche Unehre Gottes leiden und loben in unseren Prälaten und solcher seiner verdammten Hoffart uns teilhaftig machen durch unser Schweigen oder Schmeicheln? Also geht es auch, wenn er das Sakrament in der Prozession umträgt. Ihn muss man tragen, aber das Sakrament steht vor ihm wie eine Kanne Weins auf dem Tisch. Kurz, Christus gilt nichts zu Rom, der Papst gilt's allessamt; und wollen uns dennoch dringen und bedräuen, wir sollen solch endchristlichen Tadel billigen, preisen und ehren wider Gott und alle christliche Lehre. Helfe nun Gott einem freien Konzilium, dass es den Papst lehre, wie er auch ein Mensch sei und nicht mehr denn Gott, wie er sich untersteht zu sein.

80 Zum Zwölften, dass man die Wallfahrten gen Rom abtäte, oder niemand von eigenem Vorwitz oder Andacht wallen ließe, er würde dann zuvor von seinem Pfarrer, Stadt- oder Oberherrn erkannt, genugsam und redlich Ursache zu haben. Das sage ich nicht darum, dass Wallfahren böse sei, sondern, dass sie zu dieser Zeit übel geraten; denn sie zu Rom kein gut Exempel, sondern eitel Ärgernis sehen, und wie sie selbst ein Sprichwort gemacht haben: Je näher Rom, je ärger Christen; bringen sie mit sich Verachtung Gottes und Gottes Gebote. Man sagt, wer das erste Mal gen Rom geht, der sucht einen Schalk, zum anderen Mal findet er ihn; zum dritten bringt er ihn mit heraus. Aber sie sind nun so geschickt geworden, dass sie die drei Reisen auf einmal ausrichten, und haben fürwahr uns solche Stücklein aus Rom gebracht. Es wäre besser, Rom nie gesehen noch erkannt.

81 Und obschon diese Sache nicht wäre, so ist doch noch da eine vortrefflichere, nämlich die, dass die einfältigen Menschen dadurch verführt werden in einen falschen Wahn und Unverstand göttlicher Gebote. Denn sie meinen, dass solch Wallen sei ein köstlich gut Werk, das doch nicht wahr ist. Es ist ein gering gut Werk, zu mehrmalen ein bös, verführerisch Werk, denn Gott hat es nicht geboten. Er hat aber geboten, dass ein Mann seines Weibes und Kinder warte und was dem ehelichen Stand zugebührt, dabei seinem Nächsten dienen und helfen. Nun geschieht es, dass einer gen Rom wallt, verzehrt fünfzig, hundert, mehr oder weniger Gulden, das ihm niemand befohlen hat, und lässt sein Weib und Kind oder ja seinen Nächsten daheim Not leiden; und meint doch, der törichte Mensch, er wolle solchen Ungehorsam und Verachtung göttlicher Gebote mit seinem eigenwilligen Wallen schmücken, so es doch ein lauter Vorwitz oder Teufels Verführung ist. Da haben nun zu geholfen die Päpste mit ihren falschen, erdichteten, närrischen goldenen Jahren, damit das Volk erregt, von Gottes Geboten gerissen und zu ihrem eigenen verführerischen Vornehmen gezogen, und eben dasselbe angerichtet, das sie sollten verboten haben. Aber es hat Geld getragen und falsche Gewalt gestärkt, darum hat's müssen fortgehen, es sei wider Gott oder der Seelen Heil.

82 Solchen falschen, verführerischen Glauben der einfältigen Christen auszurotten und wiederum einen rechten Verstand guter Werke aufzurichten, sollten alle Wallfahrten niedergelegt werden; denn es ist kein Gutes nicht drinnen, kein Gebot, kein Gehorsam, sondern unzählig Ursache der Sünden und Gottes Gebote zu Verachtung. Daher kommen so viele Bettler, die durch solch Wallen unzählige Büberei treiben, die betteln ohne Not, lernen und gewohnen's. Da kommt

her freies Leben und mehr Jammer, die ich jetzt nicht zählen will. Wer nun wollte wallen oder wallen geloben, sollte vorher seinem Pfarrherrn oder Oberherrn die Ursache anzeigen; fände sich's, dass er's täte um gutes Werkes willen, dass dasselbe Gelübde und Werk durch den Pfarrherrn oder Oberherrn nur frisch mit Füßen getreten würde als ein teuflisch Gespenst, und ihm anzeigte, das Geld und die Arbeit, so zur Wallfahrt gehört, an Gottes Gebot und tausendmal bessere Werke anzulegen, das ist an den Seinen oder seinen nächsten Armen. Wo er's aber aus Vorwitz täte, Land und Städte zu besehen, mag man ihm seinen Willen lassen. Hat er's aber in der Krankheit gelobt, dass man diese Gelübde verbiete, verspreche und die Gebote Gottes dagegen emporhebe, dass er hinfort ihm begnügen lasse an dem Gelübde, in der Taufe geschehen, Gottes Gebote zu halten. Doch mag man ihn auf diesmal, sein Gewissen zu stillen, sein närrisches Gelübde lassen ausrichten. Niemand will die richtige gemeine Straße göttlicher Gebote wandeln; jedermann macht ihm selbst neue Wege und Gelübde, als hätte er Gottes Gebote alle vollbracht.

83 Darnach kommen wir auf den großen Haufen, die da viel geloben und doch wenig halten. Zürnt nicht, liebe Herren, ich meine es wahrlich gut, es ist die bittere und süße Wahrheit, und ist, dass man ja nicht mehr Bettelklöster bauen lasse. Hilf Gott, ihrer ist schon viel zu viel; ja, wollte Gott, sie wären alle ab oder je auf zwei oder drei Orte gehäuft! Es hat nichts Gutes getan, es tut auch nimmermehr gut, irre laufen auf dem Land. Darum ist mein Rat, man schlage zehn, oder wie viel ihrer Not ist, auf einen Haufen (zusammen) und mache Eines daraus, das genugsam versorgt, nicht betteln dürfe. O, es ist hier vielmehr anzusehen, was gemeinem

Haufen zur Seligkeit Not ist, denn was St. Franziskus, Dominikus, Augustinus oder je ein Mensch gesetzt hat, besonders weil es nicht geraten ist ihrer Meinung nach. Und dass man sie überhebe Predigens und Beichtens, es wäre denn, dass sie von Bischöfen, Pfarren, Gemeinden oder Obrigkeit dazu berufen und begehrt würden. Ist doch aus solchem Predigen und Beichten nicht mehr denn eitel Hass und Neid zwischen Pfaffen und Mönchen, großes Ärgernis und Hindernis des gemeinen Volkes erwachsen, damit es würdig geworden und wohl verdiente aufzuhören, dieweil seiner mag wohl entraten werden. Es hat nicht ein ungleich Ansehen, dass der Heilige Römische Stuhl solch Heer nicht umsonst gemehrt hat, auf dass nicht die Priesterschaft und Bistum seiner Tyrannei unleidig, einmal ihm zu stark würden und eine Reformation anfingen, die nicht zuträglich Seiner Heiligkeit wäre.

84 Dabei sollten auch aufgehoben werden so mancherlei Sekten und Unterschiede einerlei Ordens, welche zuweilen um gar geringe Ursache sich erhoben und noch viel geringer sich erhalten, mit unsäglichem Hass und Neid gegeneinander streitend; so doch nichtsdestoweniger der christliche Glaube, der ohne allen solchen Unterschied wohl besteht, auf beiden Seiten untergeht und ein gut christlich Leben nur nach den äußerlichen Gesetzen, Werken und Weisen geschätzt und gesucht wird, davon nicht mehr denn Gleisnerei und der Seelen Verderben folgen und erfunden werden; wie das vor Augen jedermann sieht. Es müsste auch dem Papst verboten werden, mehr solcher Orden aufzusetzen und bestätigen, ja befohlen werden, etliche abzutun und in wenigere Zahl zu zwingen. Sintemal der Glaube Christi, welcher allein das Hauptgut ist und ohne einerlei (irgendwelche) Orden besteht, nicht wenig Gefahr leidet, dass die Menschen durch so viel

und mancherlei Werke und Weise leichtlich verführt werden, mehr auf solche Werk und Weise zu leben, denn auf den Glauben zu achten. Und wo nicht weise Prälaten in Klöstern sind, die da mehr den Glauben, denn des Ordens Gesetz predigen und treiben, da ist nicht möglich, dass der Orden sollte nicht schädlich und verführerisch sein einfältigen Seelen, die auf die Werke allein Acht haben.

85 Nun aber zu unseren Zeiten gefallen sind fast an allen Orten die Prälaten, die den Glauben gehabt und die Orden eingesetzt haben. Gleichwie vorzeiten bei den Kindern von Israel, da die Väter abgegangen waren, die da Gottes Werke und Wunder erkannt hatten, sobald anfingen ihre Kinder, aus Unverstand göttlicher Werke und Glaubens, Abgötterei und eigene menschliche Werke aufzurichten: also auch jetzt, leider, solche Orden unverständig geworden göttlicher Werke und Glaubens, nur in ihren eigenen Regeln, Gesetzen und Weisen sich jämmerlich martern, mühen und arbeiten und doch nimmer zum rechtem Verstand eines geistlichen guten Lebens kommen, wie der Apostel, 2 Tim 3,5–7, verkündigt hat und gesagt: „Sie haben einen Schein eines geistlichen Lebens“ und ist doch nichts dahinten; „lernen immer und immer und kommen doch nicht dahin, dass sie wissen, was ein wahrhaft geistlich Leben sei“. So wäre es besser, das kein Kloster da wäre, wo kein geistlicher, im christlichen Glauben verständiger Prälat regierte. Denn derselbe mag nicht ohne Schaden und Verderben regieren; und so viel mehr, so viel er heiliger und eines guten Lebens scheint in seinen äußerlichen Werken.

86 Es wäre meines Bedenkens eine nötige Ordnung, besonders zu unseren gefährlichen Zeiten, dass Stifte

und Klöster wiederum würden auf die Weise verordnet, wie sie waren im Anfang bei den Aposteln und eine lange Zeit hernach, da sie alle frei waren, einem jedermann darin zu bleiben, so lang es ihn gelüstete. Denn was sind Stifte und Klöster anderes gewesen denn christliche Schulen, darinnen man lehrte Schrift und Zucht nach christlicher Weise und Leute auferzog zu regieren und predigen; wie wir lesen, dass St. Agnes in die Schule ging, und noch sehen in etlichen Frauenklöstern als zu Quenlinburg und dergleichen. Fürwahr, es sollten alle Stifte und Klöster auch so frei sein, dass sie Gott mit freiem Willen und nicht gezwungenen Diensten dienten. Aber darnach hat man es gefasst mit Gelübden und ein ewiges Gefängnis daraus gemacht, dass auch dieselben mehr denn der Taufe Gelübde wird angesehen. Was aber für Frucht daraus ist kommen, sehen, hören, lesen und erfahren wir täglich mehr und mehr.

87 Ich achte wohl, solcher mein Ratschlag sei aufs Allertörichste angesehen; da frage ich jetzt nicht nach. Ich rate, was mich gut dünkt; verwerfe, wer es will. Ich sehe wohl, wie die Gelübde werden gehalten, sonderlich der Keuschheit, die so gemein durch solche Klöster wird und doch von Christo nicht geboten, sondern fast wenigen geben wird, wie er selbst und St. Paulus sagt, Kol 2,20. Ich wollte gerne jedermann geholfen sein und nicht fangen lassen christliche Seelen durch menschliche eigene erfundene Weise und Gesetz.

88 Zum Vierzehnten, wir sehen auch, wie die Priesterschaft gefallen, und mancher arme Pfaff mit Weib und Kind überladen, sein Gewissen beschwert, da doch niemand zutut, ihnen zu helfen, ob ihnen fast wohl zu helfen wäre. Lässt's Papst und Bischöfe hier gehen, was da geht, ver-

derben, was verdirbt, so will ich, ich erretten mein Gewissen und das Maul frei auftun, es verdrieße Papst, Bischöfe, oder wen es will, und sage also: dass nach Christi und der Apostel Einsetzung eine jegliche Stadt einen Pfarrherrn oder Bischof soll haben, wie klärlich Paulus schreibt, Tit 1,6, und derselbe Pfarrherr nicht gedrungen, ohne ein ehelich Weib zu leben, sondern möge eines haben, wie St. Paulus schreibt, 1 Tim 3,2 und Tit 1,6, und spricht: „Es soll ein Bischof sein ein Mann, der unsträflich sei und nur eines ehelichen Weibes Gemahl, welches Kinder gehorsam und züchtig sind“ etc. Denn ein Bischof und Pfarrherr ist Ein Ding bei St. Paulus, wie das auch St. Hieronymus bewährt. Aber die Bischöfe, die jetzt sind, weiß die Schrift nichts von, sondern sind von christlicher gemeiner Ordnung gesetzt, dass einer über viel Pfarrherren regiere.

89 Also lernen wir aus dem Apostel klärlich, dass es in der Christenheit sollte also zugehen, dass eine jegliche Stadt aus der Gemeinde einen gelehrten frommen Bürger erwählte, demselben das Pfarramt anbeföhle und ihn von der Gemeinde ernährte, ihm freie Wilkür ließe, ehelich zu werden oder nicht, der neben ihm mehr Priester oder Diakonen hätte, auch ehelich, oder wie sie wollten, die den Haufen und Gemeinde hülfen regieren mit Predigen und Sakramenten; wie es denn noch geblieben ist in der griechischen Kirche. Da sind nun hernachmals, da so viel Vorfolgung und Streites war wider die Ketzer, viele Heilige Väter gewesen, die sich freiwillig des ehelichen Standes entzogen haben, auf dass sie desto besser studierten und bereit wären auf alle Stunde zum Tod und zum Streit. Da ist nun der Römische Stuhl aus eigenem Frevel dreingefallen und ein gemein Gebot daraus gemacht, verboten dem Priesterstand, ehelich zu sein; das hat

ihnen der Teufel geheißen, wie St. Paulus, 1 Tim 4,3 verkündigt: „Es werden kommen Lehrer, die Teufelslehre bringen und verbieten ehelich zu werden“ etc. Dadurch, leider! so viel Jammers entstanden, dass nicht zu erzählen ist, und hat dadurch Ursache gegeben der griechischen Kirche, sich abzusondern, und unendliche Zwietracht, Sünde, Schande und Ärgernis gemehrt; wie denn tut alles, was der Teufel anfängt und treibt.

90 Was wollen wir nun hier tun? Ich rate, man mach's wieder frei und lasse einem jeglichen seine freie Willkür, ehelich oder nicht ehelich zu werden. Aber da muss gar viel ein anderes Regiment und Ordnung der Güter geschehen und das ganze geistliche Recht zu Boden gehen und nicht viel Lehen gen Rom kommen. Ich besorge, der Geiz sei eine Ursache gewesen der elenden, unkeuschen Keuschheit; daraus dann gefolgt, dass jedermann hat wollen Pfaff werden, und jedermann sein Kind darauf studieren lassen, nicht der Meinung, keusch zu leben, das wohl ohne Pfaffenstand geschehen könnte; sondern sich mit zeitlicher Nahrung ohne Arbeit und Mühe zu ernähren wider das Gebot Gottes, 1 Mos 3,19: „Du sollt dein Brot essen im Schweiße deines Angesichts“, haben ihm eine Farbe angestrichen, als sollte ihr Arbeiten sein Beten und Messe halten. Ich lasse hier anstehen Papst, Bischöfe, Stifte, Pfaffen und Mönche, die Gott nicht eingesetzt hat. Haben sie ihnen selbst Bürden aufgelegt, so tragen sie sie auch. Ich will reden von dem Pfarrstand, den Gott eingesetzt hat, der eine Gemeinde mit Predigen und Sakramenten regieren muss, bei ihnen wohnen und zeitlich haushalten; denselben sollte durch ein christliches Konzilium nachgelassen werden Freiheit, ehelich zu werden, zu vermeiden Gefährlichkeit und Sünde. Denn dieweil sie Gott selbst

nicht verbunden hat, so soll und mag sie niemand verbinden, ob es gleich ein Engel vom Himmel wäre, geschweige denn Papst; und was dagegen im geistlichen Recht gesetzt, sind lauter Fabeln und Geschwätz.

91 Weiter rate ich, wer sich hinfort weihen lässt zur Pfarre oder auch sonst, dass er dem Bischof in keinem Weg gerede (verspreche), Keuschheit zu halten; und halte ihm entgegen, dass er solch Gelübde zu fordern gar keine Gewalt hat, und ist eine teuflische Tyrannei, solches zu fordern. Muss man aber oder will sagen, wie etliche tun: *Quantum fragilitas humana permittit* (d. i. insoweit es die menschliche Schwachheit zulässt); so deute ein jeglicher diese Worte frei negativ, *id est: non promitto castitatem* (d. i. ich verspreche keine Keuschheit); denn *fragilitas humana non permittit caste vivere* (die menschliche Schwachheit lässt kein keusches Leben zu), sondern allein *angelica fortitudo et coelestis virtus* (eine engelhafte Stärke und himmlische Kraft), auf dass er ein frei Gewissen ohne alle Gelübde behalte. Ich will nicht raten, auch nicht wehren, dass, so noch nicht Weiber haben, ehelich werden oder ohne Weib bleiben; stelle das auf eine gemeine christliche Ordnung und eines jeglichen bessern Verstand. Aber dem elenden Haufen will ich meinen treuen Rat nicht bergen und einen Trost nicht verhalten, die da jetzt mit Weib und Kind überfallen, in Schanden und schweren Gewissen sitzen, dass man sie Pfaffenhure, die Kinder Pfaffenkinder schilt, und sage das für mein Hofrecht frei.

92 Man findet manchen frommen Pfarrer, dem sonst niemand keinen Tadel geben mag, denn dass er gebrechlich ist und mit einem Weib zuschanden geworden; welche doch beide also gesinnt sind in ihres Herzen Grund, dass

sie gerne wollten immer beieinanderbleiben in rechter ehelicher Treue, wenn sie nur das möchten mit gutem Gewissen tun, ob sie auch gleich die Schande müssten öffentlich tragen; die zwei sind gewisslich vor Gott ehelich. Und hier sage ich, dass, wo sie so gesinnt sind und also in ein Leben kommen, dass sie nur ihr Gewissen frisch erretten, er nehme sie zum ehelichen Weib, behalte sie und lebe sonst redlich mit ihr, wie ein ehelicher Mann, unangesehen, ob das der Papst will oder nicht will, es sei wider geistliche oder fleischliche Gesetze. Es liegt mehr an deiner Seelen Seligkeit, denn an den tyrannischen, eigen gewaltigen, freventlichen Gesetzen, die zur Seligkeit nicht Not sind, noch von Gott geboten; und sollt eben tun als die Kinder von Israel, 2 Mos 11,2; 12,35–36, die den Ägyptern stahlen ihren verdienten Lohn, oder wie ein Knecht seinem böswilligen Herrn seinen verdienten Lohn stehle; also stiehl auch dem Papst dein ehelich Weib und Kind.

93 Wer den Glauben hat, solches zu wagen, der folge mir nur frisch, ich will ihn nicht verführen. Habe ich nicht Gewalt als ein Papst so habe ich doch Gewalt als ein Christ, meinen Nächsten zu helfen und raten von seinen Sünden und Gefährlichkeiten. Und das nicht ohne Grund und Ursache.

94 Zum Ersten: Es kann je nicht ein jeglicher Pfarrherr eines Weibes mangeln, nicht allein der Gebrechlichkeit, sondern vielmehr des Haushaltens halben. Soll er denn ein Weib halten, und ihm der Papst das zulässt, doch nicht zur Ehe haben; was ist das anderes getan, denn ein Mann und Weib beieinander allein lassen und doch verbieten, sie sollten nicht fallen; eben als Stroh und Feuer zusammenlegen und verbieten, es soll weder rauchen noch brennen.

95 Zum anderen, dass der Papst solches nicht Macht hat zu gebieten, als wenig als er Macht hat zu verbieten Essen, Trinken und den natürlichen Ausgang oder Feistwerden; darum ist es niemand schuldig zu halten, und der Papst schuldig ist aller Sünden, die dawider geschehen,aller Seelen, die dadurch verloren sind; aller Gewissen, die dadurch verwirrt und gemartert sind, dass er wohl längst würdig wäre, wer (dass man) ihn aus der Welt vertrieben hätte, so viel elender Seelen er mit dem teuflischen Strick erwürgt hat. Wiewohl ich hoffe, dass vielen Gott an ihrem Ende gnädiger sei gewesen, denn der Papst bei ihrem Leben. Es ist noch nie Gutes und wird nimmermehr aus dem Papsttum und seinen Gesetzen kommen.

96 Zum Dritten, obschon des Papstes Gesetz dawider ist, so doch ein ehelicher Stand wird angefangen wider des Papstes Gesetze, ist schon sein Gesetz aus und gilt nicht mehr. Denn Gottes Gebot, der da gebeut, dass Mann und Weib niemand scheiden soll, Mt 19,6, geht weit über des Papstes Gesetz und muss nicht Gottes Gebot um des päpstlichen Gebotes willen zerrissen werden und nachbleiben. Wiewohl viel toller Juristen mit dem Papst haben *Impedimenta* (d. i. Ehehindernisse) erfunden und dadurch verhindert, zerteilt, verwirrt den ehelichen Stand, dass Gottes Gebot ist darob ganz untergegangen. Was soll ich viel sagen, sind doch in dem ganzen geistlichen Papstgesetz nicht zwei Zeilen, die einen frommen Christen möchten unterweisen, und leider so viel irriger und gefährlicher Gesetze, dass nicht besser wäre, man machte einen roten Haufen daraus.

97 Sprichst du aber, es sei ärgerlich und muss zuvor der Papst darin dispensieren; sage ich: was Ärgernis darin ist, das sei des Römischen Stuhles Schuld, der solches Gesetz

ohne Recht und wider Gott gesetzt hat. Vor Gott und der Heiligen Schrift ist kein Ärgernis. Auch wo der Papst kann dispensieren ums Geld in seinen geldsüchtigen, tyrannischen Gesetzen, so kann auch ein jeglicher Christ um Gottes und der Seelen Seligkeit willen eben in denselben dispensieren. Denn Christus hat uns frei gemacht von allen menschlichen Gesetzen, zuvor wo sie wider Gott und der Seelen Seligkeit sind, wie St. Paulus lehrt (Gal 5,1 und 1 Kor 8, 9–10).

98 Zum Fünfzehnten, dass ich auch der armen Klöster nicht vergesse. Es hat der böse Geist, der nun alle Stände durch Menschengesetz verwirrt und unerträglich gemacht hat, auch etliche Äbte, Äbtissen und Prälaten besessen, dass sie ihren Brüdern und Schwestern also vorstehen, dass sie nur bald zur Hölle fahren und ein elendes Wesen auch hier führen; wie denn tun alle Teufelsmärtyrer. Nämlich haben sie ihnen vorbehalten in der Beichte alle oder je etliche Todsünde, die da heimlich sind, dass die kein Bruder dem anderen soll auflösen, bei Bann und Gehorsam. Nun findet man an allen Orten nicht allezeit Engel, sondern auch Fleisch und Blut, welche eher allen Bann und Dräuen leiden, ehe sie den Prälaten und bestimmten Beichtigern ihre heimliche Sünde wollten beichten, gehen darauf zum Sakrament mit solchem Gewissen, dadurch denn sie *Irregulares* werden, und des Jammers viel mehr. O blinde Hirten! O tolle Prälaten! O reißende Wölfe! Hier sage ich: wenn die Sünde öffentlich ist oder bekannt, so ist's billig, dass der Prälat allein sie strafe, und diese allein und keine anderen mag er ihm vorbehalten und ausziehen (ausnehmen); der heimlichen hat er keine Gewalt, wenn's gleich die ärgsten Sünden wären, die man findet oder finden kann. Und wo der Prälat dieselben auszieht, so ist er ein Tyrann, hat sein nicht Recht, greift in Gottes Gericht.

99 So rate ich denselben Kindern, Brüdern und Schwestern: Wollen die Obersten nicht Erlaub geben zu beichten die heimlichen Sünden, welchem du willst, so nimm sie selber und klage sie deinem Bruder oder Schwester, dem oder der du willst; lass dich absolvieren und trösten, gehe und tue darauf, was du willst und sollst; glaube nur fest, dass du seist absolviert, so hat es nicht Not. Und den Bann, Irregularität oder was sie mehr dräuen, lass dich nicht betrüben noch irremachen; sie gelten nicht weiter, denn auf die öffentlichen oder bekannten Sünden, so die jemand nicht wollte bekennen, es betrifft dich nichts. Was nimmst du dir vor, du blinder Prälat, durch dein Dräuen heimliche Sünde zu wehren? Lass fahren, was du nicht öffentlich erhalten kannst, dass Gottes Gericht und Gnade auch zu schaffen habe mit den Deinen. Er hat dir sie nicht so ganz in deine Hand befohlen, dass er sie ganz aus seiner gelassen habe. Ja, du hast das wenigere Teil unter dir. Lass dein Statut Statut sein, und hebe sie nicht in den Himmel in Gottes Gericht.

100 Zum Sechzehnten, es wäre auch Not, dass die Jahrtage, Begängnisse, Seelmessen gar abgetan oder je geringert würden; darum, dass wir öffentlich sehen vor Augen, dass nicht mehr denn ein Spott daraus geworden ist, damit Gott höchlich erzürnt wird, und nur auf Geld, Fressen und Saufen gerichtet sind. Was sollte Gott für einen Gefallen daran haben, wenn die elenden Vigilien und Messen so jämmerlich geschlappert werden, noch gelesen noch gebeten; und ob sie schon gebetet würden, doch nicht um Gottes willen aus freier Liebe, sondern ums Geldes willen und verpflichteter Schuld vollbracht werden. Nun ist's doch nicht möglich, dass Gott ein Werk gefalle oder etwas bei ihm erlange, das nicht in freier Liebe geschieht. So ist's je christlich,

dass wir alles abtun oder je weniger machen, was wir sehen in einen Missbrauch kommen und Gott mehr erzürnt denn versöhnt. Es wäre mir lieber, ja Gott angenehmer und viel besser, dass ein Stift, Kirche oder Kloster alle ihre jährlichen Messen und Vigilien auf einen Haufen nähmen und hielten einen Tag eine rechte Vigilie und Messe mit herzlichem Ernst, Andacht und Glauben für alle ihre Wohltäter, denn dass sie ihrer tausend und tausend alle Jahr einem jeglichen eine besondere hielten ohne solche Andacht und Glauben. O liebe Christen, es liegt Gott nicht an viel, sondern an wohlbeten, ja er verdammt die langen und vielen Gebete, Mt 6,7; 23,14, und sagt, sie werden nur mehr Pein damit verdienen. Aber der Geiz, der Gott nicht kann vertrauen, richtet solch Wesen an, hat Sorge, er müsse Hungers sterben.

101 Zum Siebzehnten, man müsste auch abtun etliche Pönen oder Strafen des geistlichen Rechtes, sonderlich das Interdikt, welches ohne allen Zweifel der böse Geist erdacht hat. Ist das nicht ein teuflisches Werk, dass man eine Sünde bessern will mit vielen und größeren Sünden? Es ist je größere Sünde, dass man Gottes Wort und Dienst schweigt oder niederlegt, denn ob einer zwanzig Päpste hätte erwürgt auf einmal, geschweige denn einen Priester, oder geistlich Gut behalten. Es ist auch der zarten Tugenden eine, die im geistlichen Recht gelernt werden; denn das geistliche Recht heißt auch darum geistlich, dass es kommt von dem Geist; nicht von dem Heiligen Geist, sondern von dem bösen Geist.

102 Den Bann müsste man nicht eher gebrauchen, denn wo die Schrift ihn weist zu brauchen, das ist wider die, so nicht recht glauben oder in öffentlichen Sünden

leben, nicht ums zeitliche Gut. Aber nun ist's umgekehrt; es glaubt, lebt jedermann, wie er will; eben die am meisten die andere Leute schinden und schänden mit Bannen, und alle Banne jetzt nur ums zeitliche Gut ganghaftig sind. Welches wir auch niemand denn dem heiligen, geistlichen Unrecht zu danken haben; davon ich vorhin im Sermon weiter gesagt habe.

103 Die anderen Strafen und Pönen: Suspension, Irregularität, Aggravation (Steigerung, Erhöhung von Schuld und Strafe), Reaggravation, Deposition (Absetzung), Blitzen, Donnern, Vermaledeien, Verdammen und was der Fündlein mehr sind, sollte man zehn Ellen tief begraben in die Erde, dass auch ihr Name und Gedächtnis nicht mehr auf Erden wäre. Der böse Geist, der durchs geistliche Recht ist losgeworden, hat solche gräuliche Plage und Jammer in das himmlische Reich der heiligen Christenheit gebracht, und nicht mehr denn Seelenverderben und Hindern dadurch zugerichtet, dass wohl mag von ihm verstanden werden das Wort Christi, Mt 23,13: „Wehe euch Schriftgelehrten, ihr" habt euch genommen die Gewalt zu lehren und „schließt zu das Himmelreich vor den Menschen, ihr geht nicht hinein und wehrt denen, die hineingehen."

104 Zum Achtzehnten, dass man alle Feste abtäte und allein den Sonntag behielte. Wollte man aber je unserer Frauen und der großen heiligen Feste halten, dass sie alle auf den Sonntag würden verlegt oder nur des Morgens zur Messe gehalten, darnach ließe den ganzen Tag Werktag sein. Ursache, denn als nun der Missbrauch mit Saufen, Spielen, Müßiggang und allerlei Sünde geht, so erzürnen wir mehr Gott auf die heiligen Tage denn auf die anderen. Und sind ganz umgekehrt, dass heilige Tage nicht heilig, Werktage hei-

lig sind und Gott noch seinen Heiligen nicht allein kein Dienst, sondern große Unehre geschieht mit den vielen heiligen Tagen. Wiewohl etliche tolle Prälaten meinen, wenn sie St. Ottilie, St. Barbara, und ein jeglicher nach seiner blinden Andacht ein Fest machte, habe gar ein gut Werk getan; so er viel ein Besseres täte, wo er zu Ehren einem Heiligen aus einem heiligen Tag einen Werktag machte.

105 Dazu nimmt der gemeine Mann zwei leibliche Schaden über diesem geistlichen Schaden: dass er an seiner Arbeit versäumt wird; dazu mehr verzehrt denn sonst, ja, auch seinen Leib schwächt und ungeschickt macht, wie wir das täglich sehen, und doch niemand zu bessern gedenkt. Und hier sollte man nicht achten, ob der Papst die Feste eingesetzt hat oder eine Dispensation oder Urlaub haben müsste. Was wider Gott ist und den Menschen schädlich an Leib und Seel, hat nicht allein eine jegliche Gemeinde, Rat oder Obrigkeit Gewalt abzutun und wehren, ohne Wissen und Willen des Papstes oder Bischofs; ja, ist auch schuldig, bei seiner Seelen Seligkeit dasselbe zu wehren, ob es gleich Papst und Bischöfe nicht wollten, die doch die Ersten sollten sein, solches zu wehren. Und zuvor sollte man die Kirchweihen ganz austilgen; sintemal sie nichts anderes sind denn rechte Tabernen, Jahrmarkt und Spielhöfe worden, nur zur Mehrung Gottes Unehre und der Seelen Unseligkeit. Es hilft nicht, dass man will aufblasen, es habe einen guten Anfang und sei ein gut Werk. Hub doch Gott sein eigenes Gesetz auf, das er vom Himmel herab gegeben hatte, da es in einen Missbrauch verkehrt ward, und kehrt noch täglich um, was er gesetzt, zerbricht, was er gemacht hat, um desselben verkehrten Missbrauchs willen; wie im 18. Psalm V. 27 steht von ihm geschrieben: „Du verkehrst dich mit den Verkehrten."

106 Zum Neunzehnten, dass die Grade oder Glied würden geändert, in welchen der eheliche Stand wird verboten; als da sind Gevatterschaften, der vierte und dritte Grad, dass wo der Papst zu Rom darin mag dispensieren ums Geld und schändlich verkauft, dass auch daselbst möge ein jeglicher Pfarrherr dispensieren umsonst und der Seelen Seligkeit. Ja, wollte Gott, dass alles, was man zu Rom muss kaufen und der Geldstrick, das geistliche Gesetz lösen, dass ein jeglicher Pfarrherr dasselbe ohne Geld möchte tun und nachlassen; als da sind Ablass, Ablassbriefe, Butterbriefe, Messbriefe und was der *Confessionalia* (Beichtsachen) oder Büberei mehr sind zu Rom, da das arme Volk mit wird betrogen und ums Geld gebracht. Denn so der Papst Macht hat, seinen Geldstrick und geistlich Netz, Gesetz sollte ich sagen, zu verkaufen ums Geld, hat gewisslich ein Pfarrer vielmehr Gewalt, dieselben zu zerreißen und um Gottes willen mit Füßen zu treten. Hat er aber das nicht Gewalt, so hat auch der Papst keine Gewalt, dieselben durch seinen schändlichen Jahrmarkt zu verkaufen.

107 Dahin gehört auch, dass die Fasten wurden frei gelassen einem jedermann und allerlei Speise frei gemacht; wie das Evangelium gibt, Mt 15,11. Denn sie selbst zu Rom der Fasten spotten, lassen uns haußen Öl fressen, da sie nicht ihre Schuhe mit ließen schmieren; verkaufen uns darnach Freiheit, Butter und allerlei zu essen; so der heilige Apostel sagt, 1 Kor 10,25ff., dass wir dessen alles zuvor Freiheit haben aus dem Evangelium. Aber sie haben mit ihrem geistlichen Recht uns gefangen und gestohlen, auf dass wir's mit Geld wiederkaufen müssen; haben damit so blöde, schüchterne Gewissen gemacht, dass nicht gut mehr von derselben Freiheit zu predigen ist; darum, dass sich das gemeine

Volk so fast daran ärgert und achtet für größere Sünde, Butter essen, denn lügen, schwören oder auch Unkeuschheit treiben. Es ist doch Menschenwerk, was Menschen gesetzt haben, man lege es, wo man hin will, und entsteht nimmer nichts Gutes daraus.

108 Zum Zwanzigsten, dass die wilden Kapellen und Feldkirchen würden zu Boden zerstört; als da sind, da die neuen Wallfahrten hingehen, Welsnacht, Sternberg, Trier, das Grimtal und jetzt Regensburg und der Anzahl viel mehr. O, wie schwere, elende Rechenschaft werden die Bischöfe müssen geben, die solches Teufelsgespenst zulassen und Genuss davon empfangen? Sie sollten die Ersten sein, dasselbe zu wehren; so meinen sie, es sei göttlich, heilig Ding, sehen nicht, dass der Teufel solches treibt, den Geiz zu stärken, falsche erdichtete Glauben aufzurichten, Pfarrkirchen zu schwächen, Tabernen und Hurerei zu mehren, unnütz Geld und Arbeit verlieren und nur das arme Volk mit der Nase herumführen. Hätten sie die Schrift so wohl gelesen als das verdammte geistliche Gesetz, sie wüssten den Sachen wohl zu raten.

109 Es hilft auch nicht, dass Wunderzeichen da geschehen. Denn der böse Geist kann wohl Wunder tun, wie uns Christus verkündigt hat, Mt 24,24. Wenn sie den Ernst dazu täten und verböten solch Wesen, die Wunder sollten bald aufhören. Oder, wäre es von Gott, es würde sich nicht hindern lassen durch ihr Verbieten, Apg 5,39. Und wenn kein anderes Zeichen wäre, dass solches nicht von Gott sei, wäre das genug, dass die Menschen tobend, ohne Vernunft mit Haufen wie das Vieh laufen, welches nicht möglich ist aus Gott sein. So hat auch Gott nichts davon geboten, ist

kein Gehorsam, kein Verdienst da; darum sollte man frisch dareingreifen und dem Volk wehren. Denn was nicht geboten ist und sich treibt mehr denn Gottes Gebot, das ist gewisslich der Teufel selbst. Auch so geschieht der Pfarrkirchen Nachteil daran, dass sie weniger geehrt werden. Summa Summarum, es sind Zeichen eines großen Unglaubens im Volk. Denn wo sie recht glaubten, hätten sie alle Dinge in ihren eigenen Kirchen, da ihnen hin geboten ist zu gehen.

110 Aber was soll ich sagen? Ein jeglicher gedenkt nur, wie er eine solche Wallfahrt in seinem Kreis aufrichte und erhalte, gar nichts sorgend, wie das Volk recht glaube und lebe. Die Regenten sind wie das Volk, ein Blinder führt den anderen. Ja, wo die Wallfahrten nicht wollen angehen, hebt man die Heiligen an zu erheben: nicht den Heiligen zu Ehren, die wohl ohne ihr Erheben genug geehrt würden; sondern Geläuft und ein Geldbringen aufzurichten. Da hilft nun Papst und Bischöfe zu: hier regnet es Ablass, da hat man Geldes genug zu; aber was Gott geboten hat, da ist niemand sorgfältig, da läuft niemand nach, da hat niemand Geld zu. Ach, dass wir so blind sind und dem Teufel in seinen Gespensten nicht allein seinen Mutwillen lassen, sondern auch stärken und mehren! Ich wollte, man ließe die lieben Heiligen mit Frieden und das arme Volk unverführt. Welcher Geist hat dem Papst Gewalt gegeben, die Heiligen zu erheben? Wer sagt's ihm, ob sie heilig oder nicht heilig sind? Sind sonst nicht genug Sünden auf Erden, man muss Gott auch versuchen, in sein Urteil fallen und die lieben Heiligen zu Geldgötzen aufsetzen? Darum rate ich, man lasse sich die Heiligen selbst erheben, ja, Gott allein sollte sie erheben, und jeglicher bleibe in seiner Pfarre, da er mehr findet denn in allen Wallkirchen, wenn sie gleich alle eine Wallkirche wären. Hier fin-

det man Taufe, Sakrament, Predigt und deinen Nächsten; welches größere Dinge sind, denn alle Heiligen im Himmel. Denn sie alle sind durchs Wort Gottes und Sakrament geheiligt worden.

111 Dieweil wir denn solche große Dinge verachten, ist Gott in seinem zornigen Urteil gerecht, dass er verhängt dem Teufel, der uns hin und her führt, Wallfahrt aufrichtet, Kapellen und Kirchen anhebt, Heiligenerhebung zurichtet und der Narrenwerke mehr, damit wir aus rechtem Glauben in neue falsche Missglauben fahren, gleichwie er vorzeiten tat dem Volk von Israel, das er von dem Tempel zu Jerusalem an unzählige Orte verführte, doch in Gottes Namen und gutem Schein der Heiligkeit, dawider alle Propheten predigten und darob gemartert wurden. Aber jetzt predigt niemand dawider, es sollten ihn vielleicht Bischöfe, Papst, Pfaffen und Mönche auch martern. Derart muss jetzt auch Antonius zu Florenz und etliche mehr heilig und erhaben werden, auf dass ihre Heiligkeit zum Ruhm und Geld dienen möge, die sonst allein zu Gottes Ehre und gutem Exempel hätte gedient.

112 Und obschon Heiligenerheben vorzeiten wäre gut gewesen, so ist's doch jetzt nimmer gut; gleichwie viele andere Dinge vorzeiten sind gut gewesen und doch nun ärgerlich und schädlich, als da sind: Feiertage, Kirchenschätze und Zierden. Denn es ist offenbar, dass durch Heiligenerhebung nicht Gottes Ehre noch der Christen Besserung, sondern Geld und Ruhm gesucht wird, dass eine Kirche will etwas Besonderes vor der anderen sein und haben und ihr leid wäre, dass eine andere desgleichen hätte und ihr Vorteil gemeinsam wäre; sogar hat man geistliche Güter zu Miss-

brauch und Gewinst zeitlicher Güter verordnet, in dieser letzten ärgsten Zeit, dass alles, was Gott selber ist, muss dem Geiz dienen. Auch so dient solcher Vorteil nur zu zweierlei, Sekten und Hoffart, dass eine Kirche der anderen ungleich, sich untereinander verachten und erheben; so doch alle göttliche Güter allen gemeinsam und gleich, nur zur Einigkeit dienen sollen. Da hat der Papst auch Lust zu, dem leid wäre, dass alle Christen gleich und eins wären.

113 Hier gehört her, dass man abtun sollte oder verachten oder je gemeinsam machen aller Kirchen Freiheit, Bullen und was der Papst verkauft zu Rom auf seinem Schindleich. Denn so er Wittenberg, Halle, Venedig und zuvor seinem Rom verkauft oder gibt Indulte (Vergünstigungen), Privilegien, Ablässe, Gnaden, Vorteile, Fakultäten (Rechtserteilungen oder Vollmachten); warum gibt er's nicht allen Kirchen insgemein? Ist er nicht schuldig allen Christen zu tun umsonst und Gottes willen alles, was er vermag, ja auch sein Blut für sie zu vergießen? So sage mir, warum gibt er oder verkauft dieser Kirche und der anderen nicht? Oder muss das verfluchte Geld in Seiner Heiligkeit Augen so einen großen Unterschied machen unter den Christen, die alle gleiche Taufe, Wort, Glaube, Christum, Gott und alle Dinge haben? (Eph 4,4–5) Will man uns denn allerdings mit sehenden Augen blind und mit reiner Vernunft töricht machen, dass wir solchen Geiz, Büberei und Spiegelfechten sollen anbeten? Er ist ein Hirte; ja, wo du Geld hast, und nicht weiter: und schämen sich dennoch nicht, solche Büberei mit ihren Bullen uns hin und her zu führen. Es ist ihnen nur um das verfluchte Geld zu tun und sonst nichts mehr.

114 So rate ich das, so solch Narrenwerk nicht wird abgetan, dass ein jeglicher fromme Christenmensch seine Augen auftue und lasse sich mit den römischen Bullen, Siegeln und der Gleisnerei nicht beirren, bleibe daheim in seiner Kirche und lass ihm seine Taufe, Evangelium, Glaube, Christum und Gott, der an allen Orten gleich ist, das Beste sein und den Papst bleiben einen blinden Führer der Blinden, Mt 15,4. Es kann dir weder Engel noch Papst so viel geben, als dir Gott in deiner Pfarre gibt; ja, er verführt dich von den göttlichen Gaben, die du umsonst hast, auf seine Gaben, die du kaufen musst, und gibt dir Blei ums Gold, Fell ums Fleisch, Schnur um den Beutel, Wachs um Honig, Wort ums Gut, Buchstaben um den Geist; wie du vor Augen siehst und willst es dennoch nicht merken. Sollst du auf seinem Pergament und Wachs gen Himmel fahren, so wird die der Wagen gar bald zerbrechen und du in die Hölle fallen, nicht in Gottes Namen.

115 Lass dir's nur eine gewisse Regel sein: Was du vom Papst kaufen musst, das ist nicht gut noch von Gott. Denn was aus Gott ist, das wird nicht allein umsonst gegeben, sondern alle Welt wird darum gestraft und verdammt, dass sie es nicht hat wollen umsonst aufnehmen; als da ist das Evangelium und göttliche Werke. Solche Verführerei haben wir verdient um Gott, dass wir sein heiliges Wort, der Taufe Gnade verachtet haben, wie St. Paulus sagt, 2 Thess 2,11–12: „Gott wird senden eine kräftige Irrung allen denen, die die Wahrheit nicht haben aufgenommen zu ihrer Seligkeit, auf dass sie glauben und folgen der Lüge“ und Büberei, wie sie würdig sind.

116 Zum Einundzwanzigsten. Es ist wohl der größten Notwendigkeit eine, dass alle Bettelei abgetan würde in aller Christenheit, es sollte je niemand unter den Christen betteln gehen; es wäre auch eine leichte Ordnung darob zu machen, wenn wir den Mut und Ernst dazu täten, nämlich, dass eine jegliche Stadt ihre armem Leute versorgte und keinen fremden Bettler zuließe, sie hießen, wie sie wollten, es wären Wallbrüder oder Bettelorden. Es könnte je eine jegliche Stadt die Ihren ernähren; und ob sie zu gering wäre, dass man auf den umliegenden Dörfern auch das Volk vermahnte, dazuzugeben. Müssen sie doch sonst so viel Landläufer und böse Buben unter des Bettelns Namen ernähren; so könnte man auch wissen, welche wahrhaftig arm wären oder nicht.

117 So müsste da sein ein Verweser oder Vormund, der alle die Armen kennt und was ihnen Not wäre, dem Rat oder Pfarrherrn ansagte, oder wie das aufs Beste möchte verordnet werden. Es geschieht meines Erachtens auf keinem Handel so viel Bübereien und Trügereien als auf dem Betteln, die da alle leichtlich wären zu vertreiben. Auch so geschieht dem gemeinem Volk wehe durch so frei allgemein Betteln. Ich hab's überlegt, die fünf oder sechs Bettelorden kommen des Jahres an einen Ort ein jeglicher mehr dann sechs- oder siebenmal, dazu die gemeinen Bettler, Botschaften und Wallbrüder, dass sich die Rechnung gefunden hat, wie eine Stadt bei sechzigmal ein Jahr geschatzt wird, ohne was der weltlichen Obrigkeit gebührt, Aufsatz und Schatzung gegeben wird und der Römische Stuhl mit seiner Ware raubt und sie unnützlich verzehren; dass mir's der größten Gottes Wunder eines ist, wie wir doch bleiben mögen und ernährt werden.

118 Dass aber etliche meinen, es würden mit der Weise die Armen nicht wohl vorsorgt und nicht so große steinerne Häuser und Klöster gebaut, auch nicht so reichlich; das glaube ich fast wohl. Ist's doch auch nicht Not. Wer arm will sein, soll nicht reich sein; will er aber reich sein, so greif er mit der Hand an den Pflug und such's ihm selbst aus der Erde. Es ist genug, dass ziemlich die Armen versorgt seien, dabei sie nicht Hungers sterben noch erfrieren. Es fügt sich nicht, dass einer auf des anderen Arbeit müßiggehe, reich sei und wohl lebe bei eines anderen Übelleben; wie jetzt der verkehrte Missbrauch geht; denn St. Paulus sagt, 2 Thess 3,10: „Wer nicht arbeitet, soll auch nicht essen." Es ist niemand von der anderen Güter zu leben von Gott verordnet denn allein den predigenden und regierenden Priestern, wie St. Paulus 1 Kor 9,14, um ihrer geistlichen Arbeit; wie auch Christus sagt zu den Aposteln, Lk 10,7: „Ein jeglicher Wirker ist würdig seines Lohnes."

119 Zum Zweiundzwanzigsten, es ist auch zu besorgen, dass die vielen Messen, so auf Stifte und Klöster gestiftet sind, nicht allein wenig nütze sind, sondern großen Zorn Gottes erwecken; derhalben es nützlich wäre, derselben nicht mehr stiften, sondern der gestifteten viele abtun: sintemal man sieht, wie sie nur als Opfer und gute Werke gehalten werden, so sie doch Sakramente sind; gleichwie die Taufe und Buße, welche nicht für andere, sondern allein dem, der sie empfängt, nütze sind. Aber nun ist es eingerissen, dass Messen für Lebendige und Tote werden gehalten und alle Dinge darauf gegründet; darum ihrer auch so viel gestiftet wird und ein solch Wesen daraus geworden, wie wir sehen.

120 Doch dies ist vielleicht noch zu frisch und unerhört Ding, sonderlich denen, die durch solcher Messen Abgang besorgen, es werde ihnen ihr Handwerk und Nahrung niedergelegt; muss ich weiter davon zu sagen sparen, bis dass wieder aufkomme rechter Verstand, was und wozu die Messe gut sei. Es ist, leider, nun viele Jahre lang ein Handwerk zeitlicher Nahrung daraus worden, dass ich hinfort wollte raten, eher ein Hirte oder sonst Werkmann, denn ein Priester oder Mönch zu werden, er wisse dann vorher wohl, was Messehalten sei.

121 Ich rede aber hier mitnichten von den alten Stiften und Domen, welche ohne Zweifel darauf sind gestiftet, dass, dieweil nicht ein jeglich Kind vom Adel Erbbesitzer und Regierer sein soll nach deutscher Nation Sitten, in denselben Stiften möchte versorgt werden und allda Gott frei dienen, studieren und gelehrte Leute werden und machen. Ich rede von den neuen Stiften, die nur auf Gebet und Messehalten gestiftet sind, durch welche Exempel auch die alten mit gleichem Gebet und Messen beschwert werden, dass dieselben kein nütze sind oder gar wenig; wiewohl es auch von Gottes Gnaden kommt, dass sie zuletzt, wie sie würdig sind, kommen auf die Hefe, das ist auf der Choralsänger und Orgel Geschrei und faule, kalte Messe, damit nur die zeitlichen gestifteten Zinsen erlangt und verzehrt werden. Ach, solche Dinge sollten Papst, Bischöfe, Doktoren besehen und beschreiben; so sind sie es, die es am meisten treiben: lassen immer einhergehen, was nur Geld bringt, führt immer ein Blinder den anderen. Das macht der Geiz und das geistliche Recht.

122 Es müsste aber auch nicht mehr sein, dass eine Person mehr denn eine Domerei (Domherrnstelle) und Pfründe hätte und sich mäßiges Standes begnügen ließe, dass neben ihm auch ein anderer etwas haben möchte; auf dass abginge derer Entschuldigung, die da sagen: sie müssen zu ihres redlichen Standes Erhaltung mehr denn eine haben. Man möchte redlichen Stand so groß messen, es wäre ein ganzes Land nicht genug zu seiner Erhaltung. So läuft der Geiz und heimliches Misstrauen zu Gott gar sicher daneben her, dass es oft wird für Not des redlichen Standes angezogen, das lauter Geiz und Misstrauen ist.

123 Zum Dreiundzwanzigsten, die Bruderschaften, item Ablass, Ablassbriefe, Butterbriefe, Messbriefe, Dispensationen und was des Dinges gleich ist, nur alles ersäuft und umgebracht, da ist nichts Gutes. Kann der Papst dispensieren mit dir in Butteressen, Messehören etc., so soll er's dem Pfarrherrn auch lassen können, dem er's nicht Macht hat zu nehmen. Ich rede auch von den Bruderschaften, darinnen man Ablass, Messe und gute Werke austeilt. Lieber, du hast in der Taufe eine Bruderschaft mit Christo, allen Engeln, Heiligen und Christen auf Erden angefangen; halte diese und tue ihr genug, so hast du genug Bruderschaften. Lass die anderen gleißen, wie sie wollen, so sind sie gleich wie die Zahlpfennige gegen die Gulden. Wo aber eine solche wäre, die Geld zusammengäbe, arme Leute zu speisen oder sonst jemand zu helfen, die wäre gut und hätte ihren Ablass und Verdienst im Himmel. Aber jetzt sind es Kollationen und Säufereien daraus geworden.

124 Zuvor sollte man verjagen aus deutschen Landen die päpstlichen Botschaften mit ihren Fakultäten,

die sie uns um großes Geld verkaufen, das doch lauter Büberei ist; als da sind, dass sie Geld nehmen und machen unrecht Gut gut, lösen auf die Eide, Gelübde und Bunde; zerreißen damit und lehren zerreißen Treue und Glaube, untereinander zugesagt; sprechen, der Papst hab's Gewalt. Das heißt sie der böse Geist reden, und verkaufen uns so teuflische Lehre, nehmen Geld darum, dass sie uns Sünden lehren und zur Hölle führen.

125 Wenn kein anderer böse Tück wäre, der da bewährt, dass der Papst der rechte Endchrist sei, so wäre eben dieses Stück genugsam, das zu bewähren. Hörst du es, Papst, nicht der Allerheiligste, sondern Allersündigste, dass Gott deinen Stuhl vom Himmel aufs Schierste zerstöre und in den Abgrund der Hölle senke! Wer hat dir Gewalt gegeben, dich zu erheben über deinen Gott, das zu brechen und lösen, das er geboten hat, und die Christen, sonderlich deutsche Nation, die von edler Natur, als beständig und treu in allen Historien gelobt sind, zu lehren unbeständig, meineidig, Verräter, Bösewichte, treulos sein? Gott hat geboten, man soll Eid und Treue halten auch den Feinden, und du unterwindest dich, solches Gebot zu lösen, setzt in deinen ketzerischen, endchristischen Dekretalen, du habest seine Macht, und lügt durch deinen Hals und Feder der böse Satan, als er noch nie gelogen hat, zwingst und dringst die Schrift nach deinem Mutwillen. Ach Christ, mein Herr! siehe herab, lass herbrechen deinen Jüngsten Tag und zerstöre des Teufels Nest zu Rom. Hier sitzt der Mensch, davon Paulus gesagt hat, 2 Thess 2,3–4: „der sich sollte über dich erheben und in deiner Kirche sitzen, sich stellen als ein Gott: der Mensch der Sünde und der Sohn der Verdammnis." Was ist päpstliche Gewalt anderes, denn nur Sünde und Bosheit lehren und

mehren, nur Seelen zur Verdammnis führen unter deinem Namen und Schein?

126 Die Kinder Israels, Jos 9,19–20, mussten vorzeiten halten den Eid, den sie den Gabeoniten, ihren Feinden, unbewusst und betrogen getan hatten. Und der König Zedechias, 2 Kön 23,4-7; 24,20, musste jämmerlich mit allem Volk verloren werden, darum, dass er dem König zu Babylonien seinen Eid brach. Und bei uns vor hundert Jahren, der feine König zu Polen und Ungarn, Wladislaus, leider mit so viel feinem Volk erschlagen ward von dem Türken, darum, dass durch päpstliche Botschaft und Kardinal er sich verführen ließ und den seligen nützlichen Vertrag und Eid, mit dem Türken gemacht, zerriss. Der fromme Kaiser Siegmund hätte kein Glück mehr nach dem Konzilium von Konstanz (oder Costnitz), darinnen er brechen ließ die Buben das Geleit, so Jan Hus und Hieronymus gegeben war, und ist aller Jammer zwischen Böhmen und uns daraus erfolgt. Und zu unseren Zeiten, hilf Gott, was christliches Blut ist vergossen über den Eid und Bund, den der Papst Julius zwischen dem Kaiser Maximilian und König Ludwig von Frankreich machte und wieder zerriss? Wie möchte ich's alles erzählen, was die Päpste haben für Jammer angerichtet mit solcher teuflischen Vermessenheit, Eide und Gelübde zwischen großen Herrn zu zerreißen, daraus sie als ein Schimpf machen, und Geld dazu nehmen. Ich hoffe, der Jüngste Tag sei vor der Tür. Es kann und mag je nicht ärger werden, denn es der Römische Stuhl treibt. Gottes Gebot drückt er unter; sein Gebot erhebt er drüber. Ist das nicht der Endchrist, so sage ein anderer, wer er sein möge. Doch davon ein andermal mehr und besser.

127 Zum Vierundzwanzigsten, es ist hohe Zeit, dass wir auch einmal ernstlich und mit Wahrheit der Böhmen Sache vornehmen, sie mit uns und uns mit ihnen zu vereinigen, damit einmal aufhören die gräulichen Lästerungen, Hass und Neid auf beiden Seiten. Ich will meiner Torheit nach der erste mein Gutdünken vorlegen mit Vorbehalt eines jeglichen besseren Verstandes.

128 Zum Ersten müssen wir wahrlich die Wahrheit bekennen und unser Rechtfertigen lassen, den Böhmen etwas zugeben, nämlich, dass Jan Hus und Hieronymus von Prag zu Costnitz wider päpstlich, christlich, kaiserlich Geleit und Eid sind verbrannt, damit wider Gottes Gebot geschehen, und die Böhmen hoch zu Bitterkeit verursacht sind. Und wiewohl sie sollten vollkommen gewesen sein, solch schwer Unrecht und Gottes Ungehorsam von den Unseren gelitten haben; so sind sie doch nicht schuldig gewesen, solches zu billigen und als recht getan bekennen; ja, sie sollten noch heutigen Tages darob lassen Leib und Leben, ehe sie bekennen sollten, dass es recht sei, kaiserlich, päpstlich, christlich Geleit brechen, treulos dawiderhandeln. Darum, wiewohl es der Böhmen Ungeduld ist, so ist's doch mehr des Papstes und der Seinen Schuld all der Jammer, all der Irrtum und Seelenverderben, das seit demselben Konzilium erfolgt ist.

129 Ich will hier Jan Hus' Artikel nicht richten, noch seinen Irrtum verfechten, wiewohl mein Verstand noch nichts Irriges bei ihm gefunden hat, und ich mag's fröhlich glauben, dass die nichts Gutes gerichtet noch redlich verdammt haben, die durch ihren treulosen Handel christlich Geleit und Gottes Gebot übertreten, ohne Zweifel mehr vom bösen Geist denn vom Heiligen Geist besessen gewesen sind.

Es wird niemand daran zweifeln, dass der Heilige Geist nicht wider Gottes Gebot handelt; so ist niemand so unwissend, dass Geleit- und Treuebrechen sei wider Gottes Gebot, ob sie gleich dem Teufel selbst, geschweige einem Ketzer wäre zugesagt. So ist auch offenbar, dass Jan Hus und den Böhmen solches Geleit ist zugesagt und nicht gehalten, sondern darüber er verbrannte. Ich will auch Jan Hus keinen Heiligen noch Märtyrer machen, wie etliche Böhmen tun, ob ich gleich bekenne, dass ihm Unrecht geschehen und sein Buch und Lehre unrecht verdammt ist. Denn Gottes Gerichte sind heimlich und erschrecklich, die niemand, denn er selbst allein, offenbaren und ausdrücken soll.

130 Das will ich nur sagen: Er sei ein Ketzer, wie böse er immer möchte sein, so hat man ihn mit Unrecht und wider Gott verbrannt; und soll die Böhmen nicht dringen solches zu billigen oder wir kommen sonst nimmermehr zur Einigkeit. Es muss uns die öffentliche Wahrheit eins machen und nicht die Eigensinnigkeit. Es hilft nicht, dass sie zu der Zeit haben vorgewendet, dass einem Ketzer sei nicht zu halten das Geleit; das ist ebenso viel gesagt, man soll Gottes Gebot nicht halten, auf dass man Gottes Gebot halte. Es hat sie der Teufel toll und töricht gemacht, dass sie nicht gesehen haben, was sie geredet oder getan haben. Geleit halten hat Gott geboten, das sollte man halten, obgleich die Welt sollte untergehen, geschweige denn einen Ketzer loswerden. So sollte man die Ketzer mit Schriften, nicht mit Feuer überwinden, wie die alten Väter getan haben. Wenn es Kunst wäre, mit Feuer Ketzer überwinden, so wären die Henker die gelehrtesten Doktoren auf Erden; dürften wir auch nicht mehr studieren, sondern welcher den anderen mit Gewalt überwände, möchte ihn verbrennen.

131 Zum anderen, dass Kaiser und Fürsten hineinschicken etliche fromme, verständige Bischöfe und Gelehrte, beileibe keinen Kardinal noch päpstliche Botschaft noch Ketzermeister; denn dies Volk ist mehr denn zu viel ungelehrt in christlichen Sachen und suchen auch nicht der Seelen Heil; sondern, wie des Papstes Heuchler alle tun, ihre eigene Gewalt, Nutzen und Ehre. Sie sind auch die Häupter gewesen dieses Jammers zu Costnitz. Dass dieselben Geschickten sollten erkunden bei den Böhmen, wie es um ihren Glauben stände, ob es möglich wäre, alle ihre Sekten in eine zu bringen. Hier soll sich der Papst um der Seelen willen eine Zeit lang seiner Obrigkeit entäußern und nach dem Statut des allerchristlichen Konziliums von Nicäa den Böhmen zulassen, einen Erzbischof zu Prag aus ihnen selbst zu erwählen, welchen bestätige der Bischof zu Olmütz in Mähren oder der Bischof zu Gran in Ungarn oder der Bischof von Gnesen in Polen oder der Bischof zu Magdeburg in Deutschland; ist genug, wenn er von dieser einem oder zweien bestätigt wird, wie zu den Zeiten St. Zyprians geschah. Und der Papst hat solches keines zu wehren; wehrt er es aber, so tut er als ein Wolf und Tyrann, und soll ihm niemand folgen und sein Bannen mit einem Wiederbannen zurücktreiben.

132 Doch, ob man St. Peters Stuhl zu Ehren will solches tun, mit Wissen des Papstes, lass ich's geschehen, insofern dass die Böhmen nicht einen Heller darum geben und sie der Papst nicht ein Haarbreit verpflichte, unterwerfe mit Eiden und Verbündnis seiner Tyranneien, wie er allen anderen Bischöfen wider Gott und Recht tut. Will er nicht lassen ihm genügen an der Ehre, dass sein Gewissen darum gefragt wird, so lass man ihn mit seinen eigenen Rechten, Gesetzen und Tyranneien ein gut Jahr haben, und lass genug sein

an der Erwählung, und das Blut aller Seelen, so in Gefährlichkeit bleiben, über seinen Hals schreien. Denn niemand soll Unrecht bewilligen, und ist genug der Tyrannei die Ehre erboten. Wenn es je nicht anders mag sein, kann noch wohl des gemeinen Volkes Erwählung und Bewilligung einer tyrannischen Bestätigung gleich gelten; doch hoffe ich, es soll nicht Not haben. Es werden je zuletzt etliche Römer oder fromme Bischöfe und Gelehrte päpstliche Tyrannei merken und wehren.

133 Ich will auch nicht raten, dass man sie zwinge, beider Gestalt des Sakraments abzutun, dieweil dasselbe nicht unchristlich noch ketzerisch ist, sondern sie lassen bleiben, wo sie wollen, in derselben Weise. Doch, dass der neue Bischof darob sei, dass nicht Uneinigkeit um solcher Weise sich erhebe, sondern sie gütlich unterweise, dass keines nicht Irrtum sei, gleichwie nicht Zwietracht machen soll, dass die Priester anderweit sich kleiden und gebärden denn die Laien; desselbengleichen, ob sie nicht wollten römische geistliche Gesetze aufnehmen, soll man sie auch nicht dringen; sondern zum Ersten wahrnehmen, dass sie im Glauben und göttlicher Schrift recht wandeln. Denn christlicher Glaube und Stand mag wohl bestehen ohne des Papstes unerträgliche Gesetze; ja, er mag nicht wohl bestehen, es sei denn der römischen Gesetze weniger oder keine. Wir sind in der Taufe frei geworden und allein göttlichen Worten untertan; warum soll uns ein Mensch in seine Worte gefangen nehmen? St. Paulus sagt, 1 Kor 7,23, Gal 5,1: „Ihr seid frei geworden; werdet je nicht Knechte der Menschen“, das ist derer, die mit Menschengesetzen regieren.

134 Wenn ich wüsste, dass die Pikarden (böhmischen oder mährischen Brüder) keinen Irrtum hätten im Sakrament des Altars, denn dass sie glaubten, es sind wahrhaftig Brot und Wein natürlich da, doch darunter wahrhaftig Fleisch und Blut Christi, wollte ich sie nicht verwerfen, sondern unter den Bischof zu Prag lassen kommen. Denn es nicht ein Artikel des Glaubens, dass Brot und Wein wesentlich und natürlich sei im Sakrament, welches ein Wahn ist St. Thomä und des Papstes; sondern das ist ein Artikel des Glaubens, dass in dem natürlichen Brot und Wein wahrhaftig natürlich Fleisch und Blut Christi sei. So sollte man dulden beider Seiten Wahn, bis dass sie eins würden, dieweil keine Gefährlichkeit daran liegt, du glaubst, dass Brot da sei oder nicht. Denn wir müssen vielerlei Weise und Orden leiden, die ohne Schaden des Glaubens sind. Wo sie aber anders glaubten, wollte ich sie lieber draußen wissen, doch sie unterweisen die Wahrheit.

135 Was mehr Irrtum und Zwiespältigkeit in Böhmen erfunden würde, sollte man dulden, bis der Erzbischof wieder eingesessen, mit der Zeit den Haufen wieder zusammenbrächte in einträchtige Lehre. Es will fürwahr nicht mit Gewalt noch mit Trotzen, noch mit Eilen wieder versammelt werden; es muss Weile und Sanftmütigkeit hier sein. Musste doch Christus so lange mit seinen Jüngern umgehen und ihren Unglauben tragen, bis sie glaubten seiner Auferstehung. Wäre nur wieder ein ordentlicher Bischof und Regiment drinnen ohne römische Tyranneien, ich hoffte, es sollte schier besser werden.

136 Die zeitlichen Güter, die der Kirche gewesen sind, sollten nicht aufs Strengste wiedergefordert wer-

den; sondern dieweil wir Christen sind und ein jeglicher dem anderen schuldig ist zu helfen, haben wir wohl die Macht, um Einigkeit willen ihnen dieselben zu geben und lassen vor Gott und der Welt. Denn Christus sagt, Mt 18,20: „Wo zwei miteinander eins sind auf Erden, da bin ich in ihrer Mitte.“ Wollte Gott, wir täten auf beiden Seiten dazu, und mit brüderlicher Demut einer dem anderen die Hand reichten, und nicht auf unsere Gewalt oder Recht uns stärkten. Die Liebe ist mehr und nötiger denn das Papsttum zu Rom, welches ohne Liebe, und Liebe ohne Papsttum sein mag. Ich will hiermit das Meine dazu getan haben; hindert es der Papst oder die Seinen, sie werden Rechenschaft darum geben, dass sie wider die Liebe Gottes, mehr das Ihre denn ihres Nächsten gesucht haben. Es soll der Papst sein Papsttum, all sein Gut und Ehre verlieren, wo er ein Seele damit möchte erretten. Nun ließe er eher die Welt untergehen, ehe er ein Haarbreit seiner vermessenen Gewalt ließe abbrechen; und will dennoch der Heiligste sein. Hiermit bin ich entschuldigt.

137 Zum Fünfundzwanzigsten, die Universitäten bedürften auch wohl einer guten starken Reformation; ich muss es sagen, es verdrieße, wen es will. Ist doch alles, was das Papsttum hat eingesetzt und ordiniert, nur gerichtet auf Sünde und Irrtum zu mehren. Was sind die Universitäten, wo sie nicht anders, denn bisher verordnet, denn, wie das 2. Buch Maccabäorum Kap. 4,12 sagt: *Gymnasia Epheborum et Graecae gloriae*, darinnen ein freies Leben geführt, wenig der Heiligen Schrift und christlicher Glaube gelehrt wird und allein der blinde heidnische Meister Aristoteles regiert, auch weiter denn Christus? Hier wäre nun mein Rat, dass die Bücher Aristoteles', *Physicorum*, *Metaphysicae*, *de Anima*, *Ethicorum*, welches bisher die besten gehalten, ganz würden abgetan

mit allen anderen, die von natürlichen Dingen sich rühmen, so doch nichts darin mag gelehrt werden, weder von natürlichen noch geistlichen Dingen; dazu seine Meinung niemand bisher verstanden und mit unnützer Arbeit, Studieren und Kosten, so viel edler Zeit und Seelen umsonst beladen gewesen sind. Ich darf's sagen, dass ein Töpfer mehr Kunst hat von natürlichen Dingen, denn in den Büchern geschrieben steht. Es tut mir weh in meinem Herzen, dass der verdammte, hochmütige, schalkhaftige Heide mit seinen falschen Worten so viel der besten Christen verführt und genarrt hat. Gott hat uns also mit ihm geplagt um unser Sünde willen.

138 Lehrt doch der elende Mensch in seinem besten Buch, *de Anima* (d. i. von der Seele), dass die Seele sterblich sei mit dem Körper; wiewohl viele mit vergebenen Worten ihn haben wollen erretten, als hätten wir nicht die Heilige Schrift, darinnen wir überreichlich von allen Dingen gelehrt werden, deren Aristoteles nicht einen kleinsten Geruch je empfunden hat; dennoch hat der tote Heide überwunden und des lebendigen Gottes Bücher verhindert und fast unterdrückt; dass, wenn ich solchen Jammer bedenke, nicht anders achten mag, der böse Geist habe das Studieren hereingebracht.

139 Desselbengleichen, das Buch *Ethicorum*, ärger denn kein Buch, stracks der Gnade Gottes und christlichen Tugenden entgegen ist, das doch auch der besten eines wird gerechnet. O nur weit mit solchen Büchern von allen Christen! Darf mir niemand auflegen, ich rede zu viel, oder verwerfe, das ich nicht wisse. Lieber Freund, ich weiß wohl, was ich rede, Aristoteles ist mir so wohlbekannt als dir und deinesgleichen; ich hab ihn auch gelesen und gehört mit mehrerem Verstand denn St. Thomas oder Scotus, dessen ich mich

ohne Hoffart rühmen und, wo es Not ist, wohl beweisen kann. Ich achte es nicht, dass so viel Hundert Jahre lang so viel hoher Verstand darin sich verarbeitet habe. Solche Einreden fechten mich nimmer an, wie sie wohl etwa getan haben; sintemal es am Tag ist, dass wohl mehr Irrtümer mehrere hundert Jahre in der Welt und Universitäten geblieben sind.

140 Das möchte ich gerne leiden, dass Aristoteles' Bücher von der *Logica*, *Rhetorica*, *Poetica* behalten oder sie in eine andere kurze Form gebracht, nützlich gelesen würden, junge Leute zu üben, wohl zu reden und predigen; aber die Kommentare und Sekten müssten abgetan, und gleich wie Ciceros *Rhetorica*, ohne Kommentar und Sekten, so auch Aristoteles' *Logica* einförmig ohne solche großen Kommentare gelesen werden. Aber jetzt lehrt man weder Reden noch Predigen daraus, und ist ganz eine Disputation und Muderei daraus geworden. Daneben hätte man nun die Sprachen, Lateinisch, Griechisch und Hebräisch, die *mathematicas disciplinas* (mathematische Wissenschaften), Historien, welches ich befehle Verständigern, und sich selbst wohl geben würde, so man mit Ernst nach einer Reformation trachtetw; und fürwahr viel daran gelegen ist. Denn hier soll die christliche Jugend und unser edles Volk, darinnen die Christenheit bleibt, gelehrt und bereitet werden. Darum ich's achte, dass kein päpstlicheres noch kaiserlicheres Werk möchte geschehen denn gute Reformation der Universitäten; wiederum, kein teuflischer ärgeres Wesen denn unreformierte Universitäten.

141 Die Ärzte lasse ich ihre Fakultäten reformieren; die Juristen und Theologen nehme ich für mich, und sage zum Ersten, dass es gut wäre, das geistliche Recht von dem ersten Buchstaben bis auf den letzten würde zu Grund

ausgetilgt, sonderlich die Dekretalen. Es ist uns übrig genug in der Bibel geschrieben, wie wir uns in allen Dingen halten sollen; so hindert solches Studieren nur die Heilige Schrift, auch das mehrere Teil nach eitel Geiz und Hoffart schmeckt. Und obschon viel Gutes darin wäre, sollte es dennoch billig untergehen darum, dass der Papst alle geistlichen Rechte in seines Herzen Kasten gefangen hat, dass hinfort eitel unnütz Studiern und Betrug darinnen ist. Heute ist geistliches Recht nicht das in den Büchern, sondern was in des Papstes und seiner Schmeichler Mutwillen steht. Hast du eine Sache im geistlichen Recht gegründet aufs Allerbeste, so hat der Papst darüber *Scrinium pectoris* (d. i. einen im Schrein des Herzen geheim gehaltenen Beschluss), darnach muss sich lenken alles Recht und die ganze Welt. Nun regiert dasselbe *Scrinium* vielmals ein Bube und der Teufel selbst, und lässt sich preisen, der Heilige Geist regiere es. So geht man um mit dem armen Volk Christi, setzt ihm viele Rechte und hält keines, zwingt andere, sie zu halten oder mit Geld zu lösen.

142 Dieweil denn der Papst und die Seinen selbst das ganze geistliche Recht aufgehoben, nicht achten und sich nur nach ihrem eigenen Mutwillen halten über alle Welt, sollen wir ihnen folgen und die Bücher auch verwerfen. Warum sollten wir vergebens darin studieren? So können wir auch nimmermehr des Papstes Mutwillen, welcher nun geistliches Recht geworden ist, auslernen. Ei, so fall es ja dahin in Gottes Namen, das in des Teufels Namen sich erhoben hat, und sei kein *Doctor Decretorum* (d. i. Lehrer des päpstlichen Kirchenrechts) mehr auf Erden, sondern allein *Doctores scrinii papalis* (Lehrer des päpstlichen Herzensschreins), das sind des Papstes Heuchler. Man sagt, dass kein feiner weltlich Regiment irgend sei, denn bei dem Türken, der doch weder geist-

liche noch weltliche Rechte hat, sondern allein seinen Alkoran; so müssen wir bekennen, dass nicht schändlicher Regiment ist denn bei uns durch geistliches und weltliches Recht, dass kein Stand mehr geht natürlicher Vernunft, geschweige der Heiligen Schrift gemäß.

143 Das weltliche Recht, hilf Gott! wie ist das auch eine Wildnis geworden? Wiewohl es viel besser, künstlicher, redlicher ist denn das geistliche, an welchem über dem Namen nichts Gutes ist, so ist sein doch auch viel zu viel geworden. Fürwahr, vernünftige Regenten neben der Heiligen Schrift wären übrig recht genug, wie St. Paulus, 1 Kor 6,1, sagt: „Ist niemand unter euch, der da möge seines Nächsten Sache richten, dass ihr vor heidnischen Gerichten müsst hadern?" Es dünkt mich gleich, dass Landrecht und Landsitten den kaiserlichen gemeinen Rechten werden vorgezogen und die kaiserlichen nur zur Not gebraucht. Und wollte Gott, dass, wie ein jeglich Land seine eigene Art und Gaben hat, also auch mit eigenen kurzen Rechten regiert würden, wie sie regiert sind gewesen, ehe solche Rechte sind erfunden, und noch ohne sie viele Länder regiert werden. Die weitläuftigen und fern gesuchten Rechte sind nur Beschwerung der Leute und mehr Hindernis denn Förderung der Sachen. Doch ich hoffe, es sei diese Sache schon von anderen besser bedacht und angesehen, denn ich es anbringen mag.

144 Meine lieben Theologen haben sich aus der Mühe und Arbeit gesetzt, lassen die Bibel wohl ruhen und lesen *Sententias* (d. i. Aussprüche von Kirchenvätern und Konzilien). Ich meine, die *Sententiae* sollten der Anfang sein der jungen Theologen, und die Biblia den Doktoren bleiben; so ist's umgekehrt, die Biblia ist das Erste, die fährt mit dem

Baccalaureat dahin, und *Sententiae* sind das Letzte, die bleiben mit dem Doktorat ewiglich; dazu mit solcher heiliger Pflicht, dass die Biblia mag wohl lesen, der nicht Priester ist, aber *Sententias* muss ein Priester lesen, und könnte wohl ein ehelicher Mann (d. i. ein Laie) Doktor sein in der Bibel, als ich sehe, aber gar nicht in *Sententiis*. Was sollte uns Glück widerfahren, wenn wir so verkehrt handeln und die Bibel, das heilige Gotteswort, so enthinder setzen? Dazu der Papst gebeut mit vielen gestrengen Worten, seine Gesetze in den Schulen und Gerichten zu lesen und gebrauchen; aber des Evangeliums wird wenig gedacht. Also tut man auch, dass das Evangelium in Schulen und Gerichten wohl müßig unter der Bank im Staub liegt, auf dass des Papstes schädliche Gesetze nur allein regieren mögen.

145 So wir denn haben den Namen und Titel, dass wir Lehrer der Heiligen Schrift heißen, sollten wir wahrlich gezwungen sein, dem Namen nach die Heilige Schrift und keine andere lehren. Wiewohl auch der hochmütige, aufgeblasene Titel zu viel ist, dass ein Mensch soll sich rühmen und krönen lassen einen Lehrer der Heiligen Schrift; doch wäre es zu dulden, wenn das Werk den Namen bestätigte. Nun aber, so *Sententiae* allein herrschen, findet man mehr heidnische und menschliche Dünkel denn heilige, gewisse Lehre der Schrift in den Theologen. Wie wollen wir ihm nun tun? Ich weiß hier keinen anderen Rat, denn ein demütiges Gebet zu Gott, dass uns derselbe Doktoren der Theologie gebe, Doktoren der Kunst, der Arznei, der Rechten. Der Sententien mögen der Papst, Kaiser und Universitäten machen; aber sei nur gewiss, einen Doktor der Heiligen Schrift wird dir niemand machen denn allein der Heilige Geist vom Himmel, wie Christus sagt, Joh 6,45: „Sie müssen alle von Gott selber

gelehrt sein." Nun fragt der Heilige Geist nicht nach roten, braunen Baretten, oder was des Prangens ist; auch nicht, ob einer jung oder alt, Laie oder Pfaffe, Mönch oder weltlich, Jungfrau oder ehelich sei; ja er redet vorzeiten durch eine Eselin wider den Propheten, der darauf ritt, 4 Mos 22,28. Wollte Gott, wir wären es würdig, dass uns solch Doktoren gegeben würden, sie wären ja Laien oder Priester, ehelich oder Jungfrauen, wiewohl man nun den Heiligen Geist zwingen will in den Papst, Bischöfe und Doktoren, so doch kein Zeichen noch Schein ist, dass er bei ihnen sei.

146 Die theologischen Bücher müsste man auch wenigern und erlesen die besten. Denn viele Bücher machen nicht gelehrt, viel Lesen auch nicht; sondern gut Ding und oft lesen, wie wenig sein ist, das macht gelehrt in der Schrift und fromm dazu. Ja, es sollten aller heiligen Väter Schriften nur eine Zeit lang werden gelesen, dadurch in die Schrift zu kommen; so lesen wir sie nur, dass wir darin bleiben und nimmer in die Schrift kommen, damit wir gleich denen sind, die die Wegzeiger ansehen und wandeln den Weg dennoch nimmer. Die lieben Väter haben uns wollen in die Schrift führen mit ihrem Schreiben, so führen wir uns damit heraus; so doch allein die Schrift unser Weingarten ist, darinnen wir alle sollten uns üben und arbeiten.

147 Vor allen Dingen sollte in den hohen und niederen Schulen die vornehmste und gemeinste Lektion sein die Heilige Schrift und den jungen Knaben das Evangelium. Und wollte Gott, eine jegliche Stadt hätte auch eine Mägdleinschule, darinnen des Tages die Mägdlein eine Stunde das Evangelium hörten, es wäre zu Deutsch oder Lateinisch. Fürwahr, die Schulen, Manns- und Frauenklöster, sind

vorzeiten darauf angefangen, gar aus löblicher, christlicher Meinung, wie wir lesen von St. Agnes und mehr Heiligen; da wurden heilige Jungfrauen und Märtyrer, und stand ganz wohl in der Christenheit; aber nun ist nicht mehr denn Beten und Singen daraus geworden. Sollte nicht billig ein jeglicher Christenmensch bei seinem neunten oder zehnten Jahre wissen das ganze heilige Evangelium, da sein Name und Leben innen steht? Lehrt doch eine Spinnerin und Näherin ihre Tochter dasselbe Handwerk in jungen Jahren; aber nun wissen das Evangelium auch die großen gelehrten Prälaten und Bischöfe selbst nicht.

148 O wie ungleich fahren wir mit dem armen jungen Haufen, der uns befohlen ist zu regieren und unterweisen? Und schwere Rechnung dafür muss gegeben werden, dass wir ihnen das Wort Gottes nicht vorlegen, geschieht ihnen, wie Jeremias sagt, Klgl 2,11–12: „Meine Augen sind vor Weinen müde geworden, mein Eingeweide ist erschrocken, meine Leber ist ausgeschüttet auf die Erde um des Verderbens willen der Töchter meines Volkes, da die Jungen und Kindlein verdarben, auf allen Gassen der ganzen Stadt. Sie sprachen zu ihren Müttern: Wo ist Brot und Wein? Und verschmachteten als die Verwundeten auf der Straße der Stadt und gaben den Geist auf im Schoß ihrer Mütter." Diesen elenden Jammer sehen wir nicht, wie auch jetzt das junge Volk mitten in der Christenheit verschmachtet und erbärmlich verdirbt, Gebrechens halben des Evangeliums, das man mit ihnen immer treiben und üben sollte.

149 Wir sollten auch, wo die hohen Schulen fleißig wären in der Heiligen Schrift, nicht dahin schicken jedermann, wie jetzt geschieht, da man nur fragt nach der

Menge, und ein jeder will einen Doktor haben; sondern allein die Allergeschicktesten, in den kleinen Schulen zuvor wohl erzogen, darüber ein Fürst oder Rat einer Stadt sollt Acht haben und nicht zulassen zu senden denn Wohlgeschickte. Wo aber die Heilige Schrift nicht regiert, da rate ich fürwahr niemand, dass er sein Kind hintue. Es muss verderben alles, was nicht Gottes Wort ohne Unterlass treibt; darum sehen wir auch, was für Volk wird und ist in den hohen Schulen: ist niemand Schuld denn des Papstes, Bischöfe und Prälaten, denen solch des jungen Volkes Nutzen anbefohlen ist. Denn die hohen Schulen sollten erziehen eitel hochverständige Leute in der Schrift, die da möchten Bischöfe und Pfarrherren werden, an der Spitzen stehen, wider die Ketzer und Teufel und alle Welt. Aber wo findet man das? Ich habe große Sorge, die hohen Schulen sind große Pforten der Hölle, so sie nicht emsiglich die Heilige Schrift üben und treiben ins junge Volk.

150 Zum Sechsundzwanzigsten, ich weiß wohl, dass der römische Haufen wird vorwenden und hoch aufblasen, wie der Papst habe das Heilige Römische Reich von dem griechischen Kaiser genommen und an die Deutschen gebracht, für welche Ehre und Wohltat er billig Untertänigkeit, Dank und alles Gut an den Deutschen verdient und erlangt haben soll. Derhalben sie vielleicht allerlei vornehmen, sie zu reformieren sich unterwinden werden, in den Wind zu schlagen, und nichts lassen ansehen denn solches Römischen Reiches Begabungen. Aus diesem Grund haben sie bisher manchen teuren Kaiser so mutwillig und übermutig verfolgt und unterdrückt, dass Jammer ist zu sagen, und mit derselben Behändigkeit sich selbst zu Oberherren gemacht aller weltlicher Gewalt und Obrigkeit wider das heilige Evangelium; darum ich auch davon reden muss.

151 Es ist ohne Zweifel, dass das rechte Römische Reich, davon die Schrift der Propheten, 4 Mos 24,1 und Dan 2,44, verkündet haben, längst zerstört und ein Ende hat, wie Balaam, 4 Mos 24,24, klar verkündigt hat, da er sprach: „Es werden die Römer kommen und die Juden zerstören, und darnach werden sie auch untergehen." Und das ist geschehen durch die Getas, sonderlich aber da des Türken Reich ist angegangen bei tausend Jahren und ist also mit der Zeit abgefallen Asia und Africa, darnach Francia, Hispania, zuletzt Venedig aufgekommen und nichts mehr zu Rom verblieben von der vorigen Gewalt.

152 Da nun der Papst die Griechen und den Kaiser zu Konstantinopel, der erblich römischer Kaiser war, nicht mochte nach seinem Mutwillen zwingen, hat er ein solches Fündlein erdacht, ihn desselben Reiches und Namens zu berauben, und den Deutschen, die zu der Zeit streitbar und gutes Geschrei reich waren, zuzuwenden, damit sie des Römischen Reiches Gewalt unter sich brächten und von ihren Händen zu Lehen ginge. Und ist auch also geschehen. Dem Kaiser zu Konstantinopel ist's genommen und uns Deutschen der Name und Titel desselben zugeschrieben, sind damit des Papstes Knechte geworden, und ist nun ein anderes Römisches Reich, das der Papst hat auf die Deutschen gebaut. Denn jenes, das erste, ist längst, wie gesagt, untergegangen.

153 Also hatte nun der Römische Stuhl seinen Mutwillen: Rom eingenommen, den deutschen Kaiser herausgetrieben und mit Eiden verpflichtet, nicht innen zu Rom zu wohnen. Soll römischer Kaiser sein und dennoch Rom nicht innehaben; dazu allzeit in des Papstes und der Sei-

nen Mutwillen hangen und weben, dass wir den Namen haben und sie das Land und Städte. Denn sie allzeit unserer Einfältigkeit missbraucht haben zu ihrem Übermut und Tyrannei und heißen uns tolle Deutschen, die sich äffen und narren lassen, wie sie wollen.

154 Nun wohlan, Gott dem Herrn ist's ein klein Ding, Reich und Fürstentum hin und her werfen: er ist so mild derselben, dass er zuweilen einem bösen Buben ein Königreich gibt und nimmt's einem Frommen; zuweilen durch Verräterei böser untreuer Menschen, zuweilen durch Erben; wie wir das lesen in dem Königreich Perserlands, Griechen und fast allen Reichen. Und Dan 2,21 und 4,14 sagt: „Er wohnt im Himmel, der über alle Dinge herrscht, und er allein ist's, der die Königreiche versetzt, hin und her wirft und macht." Darum, wie niemand kann das für groß achten, dass ihm ein Reich wird zugeteilt, sonderlich so er ein Christ ist; so mögen wir Deutschen auch nicht hochfahren, dass uns ein neu Römisch Reich ist zugewendet. Denn es ist vor seinen Augen eine schlechte Gabe, die er den Alleruntüchtigsten das mehremal gibt. Wie Daniel Kapitel 4,37 sagt: „Alle, die auf Erden wohnen, sind vor seinen Augen als das Nichts ist, und er hat Gewalt in allen Reichen der Menschen, sie zu geben, welchem er will."

155 Wiewohl nun der Papst mit Gewalt und Unrecht das Römische Reich, oder des Römischen Reiches Namen, hat dem rechten Kaiser geraubt und uns Deutschen zugewendet; so ist's doch gewiss, dass Gott des Papstes Bosheit hierin hat gebraucht, deutscher Nation ein solches Reich zu geben und nach Fall des ersten Römischen Reiches ein anderes, das jetzt steht, aufzurichten. Und wiewohl wir der

Päpste Bosheit hierinnen nicht Ursache geben, noch ihre falsche Gesuch und Meinung verstanden, haben wir doch durch päpstliche Tücke und Schalkheit mit unzähligem Blutvergießen, mit Unterdrückung unserer Freiheit, mit Zusatz und Raub aller unserer Güter, sonderlich der Kirchen und Pfründen, mit Dulden unsäglicher Trügerei und Schmach solch Reich, leider allzu teuer, bezahlt. Wir haben des Reiches Namen; aber der Papst hat unser Gut, Ehre, Leib, Leben, Seele und alles, was wir haben. So soll man die Deutschen täuschen, und mit Täuschen täuschen. Das haben die Päpste gesucht, dass sie gerne Kaiser wären gewesen; und da sie das nicht haben vermocht schicken, haben sie sich doch über die Kaiser gesetzt.

156 Dieweil denn durch Gottes Geschick und böser Menschen Gesuch, ohne unsere Schuld das Reich uns gegeben ist, will ich nicht raten, dasselbe fahren zu lassen, sondern in Gottes Furcht, so lange es ihm gefällt, redlich regieren. Denn, wie gesagt, es liegt ihm nichts daran, wo ein Reich herkommt, er will's dennoch regiert haben. Haben's die Päpste unredlich anderen genommen, so haben wir's doch nicht unredlich gewonnen. Es ist uns durch böswillige Menschen aus Gottes Willen gegeben; denselben wir mehr ansehen denn der Päpste falsche Meinung, die sie darin gehabt, selbst Kaiser und mehr denn Kaiser zu sein und uns nur mit dem Namen zu äffen und spotten.

157 Der König zu Babylonien hatte sein Reich auch mit Rauben und Gewalt genommen; dennoch wollte Gott dasselbe regiert haben durch die heiligen Fürsten Daniel, Anania, Asaria, Misael, Dan 2,48–49. Vielmehr will er von den christlichen deutschen Fürsten dieses Reich regiert

haben, es habe es der Papst gestohlen oder geraubt oder von Neuem angemacht; es ist alles Gottes Ordnung, welches eher ist geschehen, denn wir darum haben gewusst.

158 Derhalben mag sich der Papst und die Seinen nicht rühmen, dass sie deutscher Nation haben groß gutgetan, mit Verleihen dieses Römischen Reiches. Zum Ersten darum, dass sie nichts Gutes uns darinnen gegönnt haben, sondern haben unsere Einfältigkeit darin missbraucht, ihren Übermut wider den rechten römischen Kaiser zu Konstantinopel zu stärken, dem der Papst solches genommen hat wider Gott und Recht, dessen er keine Gewalt hatte.

159 Zum anderen, dass der Papst dadurch nicht uns, sondern ihm selbst das Kaisertum zuzueignen gesucht hat, ihm zu unterwerfen alle unsere Gewalt, Freiheit, Gut, Leib und Seele, und durch uns, wo es Gott nicht hätte gewehrt, alle Welt; wie das klärlich in seinen Dekretalen er selbst erzählt und mit manchen bösen Tücken an vielen deutschen Kaisern versucht hat. Also sind wir Deutsche hübsch deutsch gelehrt: da wir vermeinten Herren zu werden, sind wir der allerlistigsten Tyrannen Knechte worden; haben den Namen, Titel und Wappen des Kaisertums, aber den Schatz, Gewalt, Recht und Freiheit desselben hat der Papst; so frisst der Papst den Kern, so spielen wir mit den ledigen Schalen.

160 So helfe uns Gott, der solch Reich, wie gesagt, uns durch listige Tyrannen hat zugeworfen und zu regieren befohlen, dass wir auch dem Namen, Titel und Wappen Folge tun und unsere Freiheit erretten, die Römer einmal lassen sehen, was wir durch sie von Gott empfangen haben. Rühmen sie sich, sie haben uns ein Kaisertum zugewendet;

wohlan, so sei es also, lass ja sein; so gebe der Papst her Rom und alles, was er hat vom Kaisertum, lasse unser Land frei von seinem unerträglichen Schatzen und Schinden, gebe wieder unsere Freiheit, Gewalt, Gut, Ehre, Leib und Seele und lasse ein Kaisertum sein, wie einem Kaisertum gebührt, auf dass seinen Worten und Vorgeben genug geschehe.

161 Will er aber das nicht tun, was spiegelficht er dann mit seinen falschen erdichteten Worten und Gespügnissen (Spukereien, Trugbildern). Ist sein nicht genug gewesen, durch so viele Hundert Jahre die edle Nation so gröblich mit der Nasen herumzuführen ohne alles Aufhören? Es folgt nicht, dass der Papst sollte über dem Kaiser sein darum, dass er ihn krönt oder macht. Denn der Prophet St. Samuel salbte und krönte den König Saul und David aus göttlichem Befehl und war doch ihnen untertan, 1 Sam 10,1; 16,13. Und der Prophet Natan salbte den König Salomon, war darum nicht über ihn gesetzt, 1 Kön 1,38–39; item, St. Eliseus ließ seiner Knechte einen salben den König Jehu von Israel; dennoch blieben sie unter ihm gehorsam, 2 Kön 9,6. Und ist noch nie geschehen in aller Welt, dass der über dem König wäre, der ihn weihte oder krönte denn allein durch den einzigen Papst.

162 Nun lässt er sich selbst von drei Kardinälen krönen zum Papst, die unter ihm sind, und ist doch nichtsdestoweniger über sie. Warum sollt er denn wider sein eigen Exempel und aller Welt und Schrift Übung und Lehre sich über weltliche Gewalt oder Kaisertum erheben, allein darum, dass er ihn krönt oder weiht? Es ist genug, dass er über ihn in göttlichen Sachen ist, das ist im Predigen, Lehren und Sakramentreichen, in welchen auch ein jeglicher Bischof und Pfarrherr über jedermann ist; gleichwie St. Ambrosius in

dem Stuhl über den Kaiser Theodosius und der Prophet Natan über David, und Samuel über Saul. Darum lasst den deutschen Kaiser recht und frei Kaiser sein, und seine Gewalt noch Schwert nicht niederdrücken durch solch blindes Vorgeben päpstischer Heuchler, als sollten sie, ausgezogen (ausgenommen), über das Schwert regieren in allen Dingen.

163 Zum Siebenundzwanzigsten: Das sei genug gesagt von den geistlichen Gebrechen; man wird und mag ihrer mehr finden, wo diese würden recht angesehen; wollen auch der weltlichen eines Teils anzeigen. Zum Ersten wäre hoch Not ein allgemein Gebot und Bewilligung deutscher Nation wider den überschwänglichen Überfluss und Kostbarkeit der Kleidung, dadurch so viel Adel und reiches Volks verarmt. Hat doch Gott uns, wie anderen Landen, genug geben, Wolle, Haar, Flachs und alles, das zu geziemender ehrbarer Kleidung einem jeglichen Stand redlich dient, dass wir nicht bedürften so gräulichen großen Schatz für Seide, Samt, Goldenstück und was der ausländischen Ware ist, so vergeudisch zu verschütten. Ich achte, obschon der Papst mit seiner unerträglichen Schinderei uns Deutschen nicht beraubte, hätten wir dennoch mehr denn zu viel an diesen heimlichen Räubern, den Seiden- und Samkrämern. So sehen wir, dass dadurch ein jeglicher will dem anderen gleich sein, und damit Hoffart und Neid unter uns, wie wir verdienen, erregt und gemehrt wird; welches alles und viel mehr Jammer wohl nachbliebe, so der Vorwitz uns ließe an den Gütern, von Gott gegeben, dankbarlich begnügen.

164 Desselbengleich wäre auch Not zu wenigern Spezerei, das auch der großen Schiffe eines ist, darinnen das Geld aus Deutschland geführt wird. Es wächst

uns je von Gottes Gnaden mehr Essen und Trinken, und so köstlich und gut als irgendeinem anderen Land. Ich werde hier vielleicht närrische und unmögliche Dinge vorgeben, als wollte ich den größten Handel, Kaufmannschaft niederlegen. Aber ich tue das Meine. Wird es nicht in der Gemeinde gebessert, so bessere sich selbst, wer es tun will. Ich sehe nicht viel gute Sitten, die in ein Land gekommen sind durch Kaufmannschaft, und Gott vorzeiten sein Volk von Israel darum von dem Meer wohnen ließ und nicht viel Kaufmannschaft treiben.

165 Aber der größte Unglück deutscher Nation ist gewisslich der Zinskauf. Wo der nicht wäre, müsste mancher sein Seiden, Samt, Goldstück, Spezerei und allerlei Prangen wohl ungekauft lassen. Er ist nicht viel über hundert Jahr gestanden und hat schon fast alle Fürsten, Stifte, Städte, Adel und Erben in Armut, Jammer und Verderben gebracht. Sollte er noch hundert Jahre stehen, so wäre es nicht möglich, dass Deutschland einen Pfennig behielte, wir müssten uns gewisslich untereinander fressen. Der Teufel hat ihn erdacht und der Papst wehe getan mit seinem Bestätigen aller Welt.

166 Darum bitte ich und rufe hier: sehe ein jeglicher sein eigenes, seiner Kind und Erben Verderben an, das ihm nicht vor der Tür, sondern schon im Haus rumort; und tue dazu Kaiser, Fürsten, Herren und Städte, dass der Kauf nur aufs Schierste werde verdammt und hinfort verwehrt, unangesehen, ob der Papst und all sein Recht oder Unrecht dawider sei, es seien Lehen oder Stifte darauf gegründet. Es ist besser ein Lehen in einer Stadt mit redlichen Erbgütern oder Zins gestiftet denn hundert auf den Zinskauf; ja, ein Lehen auf dem Zinskauf ärger und schwerer ist denn zwanzig

auf Erbgütern. Fürwahr, es muss der Zinskauf eine Figur und Anzeichen sein, dass die Welt mit schweren Sünden dem Teufel verkauft sei, dass zugleich zeitlich und geistlich Gut uns muss gebrechen; noch merken wir nichts.

167 Hier müsste man wahrlich auch den Fuggern und dergleichen Gesellschaften einen Zaum ins Maul legen. Wie ist's möglich, dass es sollte göttlich und recht zugehen, dass bei eines Menschen Leben sollten auf einen Haufen so große königliche Güter gebracht werden? Ich weiß die Rechnung nicht, aber das verstehe ich nicht, wie man mit hundert Gulden mag des Jahres erwerben zwanzig, ja, ein Gulden den anderen; und das alles nicht aus der Erde oder von dem Vieh, da das Gut nicht in menschlichem Witz, sondern in Gottes Benedeiung steht. Ich befehle das den Weltverständigen. Ich als ein Theologe habe nicht mehr daran zu strafen denn das böse ärgerliche Ansehen, davon St. Paulus sagt, 1 Thess 5,22: „Hütet euch vor allem bösen Ansehen oder Schein." Das weiß ich wohl, dass viel göttlicher wäre, Ackerwerk mehren und Kaufmannschaft mindern, und die viel besser tun, die der Schrift nach die Erden bearbeiten und ihre Nahrung daraus suchen, wie zu uns und allen gesagt ist in Adam, 1 Mos 3,17–18–19: „Vermaledeit sei die Erde, wenn du darin arbeitest, sie soll dir Disteln und Dornen tragen, und im Schweiße deines Angesichts sollst du essen dein Brot." Es ist noch viel Land, das nicht umtrieben und gehert ist.

168 Folgt nach der Missbrauch Fressens und Saufens, davon wir Deutschen als einem besonderen Laster nicht ein gut Geschrei haben in fremden Landen, welchem mit Predigen hinfort nimmer zu raten ist, so fest es eingerissen und überhandgenommen hat. Es wäre der Schaden am

Gut das Geringste, wenn die folgenden Laster: Mord, Ehebruch, Stehlen, Gottes Unehre und alle Untugend nicht folgten. Es mag das weltliche Schwert hier etwas wehren, sonst wird's gehen, wie Christus sagt, Mt 24,38–39; Lk 17,26ff.: „dass der Jüngste Tag wird kommen wie ein heimlicher Strick, wenn sie werden trinken und essen, freien und buhlen, bauen und pflanzen, kaufen und verkaufen"; wie es denn jetzt geht, so stark, dass ich fürwahr hoffe, der Jüngste Tag sei vor der Tür, ob man es wohl am wenigsten gedenkt.

169 Zuletzt, ist das nicht ein jämmerlich Ding, dass wir Christen unter uns sollen halten freie, gemeine Frauenhäuser; so wir sind alle zur Keuschheit getauft? Ich weiß wohl, was etliche dazu sagen, und nicht Eines Volks Gewohnheit geworden ist, auch schwerlich abzubringen, dazu besser ein solches, denn eheliche und Jungfrauenpersonen oder noch ehrlichere zuschanden machen. Sollten aber hier nicht bedenken weltlich und christlich Regiment, wie man demselben nicht mit solcher heidnischen Weise möchte zuvorkommen. Hat das Volk von Israel mögen bestehen ohne solchen Unfug, wie sollte das Christenvolk nicht mögen auch so viel tun? Ja, wie halten sich viele Städte, Märkte, Flecken und Dörfer ohne solche Häuser; warum sollten's große Städte nicht auch halten?

170 Ich will aber damit und anderen oben angezeigten Stücken angesagt haben, wie viel guter Werke die weltliche Obrigkeit tun möchte und was aller Obrigkeit Amt sein sollte: dadurch ein jeglicher lerne, wie schrecklich es sei, zu regieren und obenan zu sitzen. Was hilft's, dass ein Oberherr so heilig wäre für sich selbst als St. Peter, wo er nicht den Untertanen in diesen Stücken fleißig zu helfen gedenkt? Wird

ihn doch seine Obrigkeit verdammen; denn Obrigkeit ist schuldig, der Untertanen Bestes zu suchen. Wenn aber die Obrigkeit darauf dächte, wie man das junge Volk ehelich zusammenbrächte, würde einem jeglichen die Hoffnung ehelichen Standes fast wohl helfen tragen und wehren den Anfechtungen.

171 Aber jetzt geht es, dass jedermann zu Pfafferei und Möncherei gezogen wird; unter welchen, ich besorge, der Hundertste keine andere Ursache hat, denn das Gesuch der Nahrung und Zweifel, im ehelichen Leben sich zu erhalten. Darum sind sie zuvor wild genug und wollen, wie man sagt, ausbuben, so sich's vielmehr hineinbubet, wie die Erfahrung beweist. Ich befinde das Sprichwort wahr: Das Verzweifeln macht das mehrere Teil Mönche und Pfaffen; darum geht und steht es auch, wie wir sehen.

172 Ich will aber raten treulich, um viele Sünden, die gröblich einreißen, zu vermeiden, dass weder Knab noch Mägdlein sich zur Keuschheit oder geistlichem Leben verbinde vor dreißig Jahren. Es ist auch eine besondere Gnade, wie St. Paulus sagt, 1 Kor 7,7–8–9. Darum, welchen Gott nicht sonderlich dazu dringt, lasse sein Geistlichwerden und Geloben anstehen. Ja, weiter sage ich: Wenn du Gott so wenig vertraust, dass du dich nicht mögest im ehelichen Stand ernähren, und allein um desselben Misstrauens willen willst geistlich werden, so bitte ich dich selbst für deine eigene Seele, du wollest ja nicht geistlich werden, sondern werde eher ein Bauer oder was du magst. Denn wo einfältig Vertrauen zu Gott sein muss darin, zeitliche Nahrung zu erlangen, da muss freilich zehnfältiges Vertrauen sein, im geistlichen Stand zu bleiben. Vertraust du nicht, dass dich Gott

möge ernähren zeitlich; wie willst du ihm vertrauen, dass er dich erhalte geistlich? Ach, der Unglaube und Misstrauen verdirbt alle Dinge, führt uns in allen Jammer; wie wir in allen Ständen sehen.

173 Es wäre wohl viel von dem elenden Wesen zu sagen. Die Jugend hat niemand, der für sie sorgt. Es geht jedes hin, wie es geht, und sind ihnen die Obrigkeiten so viel nütz, als wären sie nichts; so doch das sollte die vornehmste Sorge des Papstes, Bischöfe, Herrschaften und Konzilien sein. Sie wollen fern und weit regieren und doch keinem nütz sein. O, ein wie seltsam Wildbret wird um dieser Sachen willen sein ein Herr und Oberherr im Himmel, ob er schon Gott selbst hundert Kirchen baute und alle Toten aufweckte. Das sei diesmal genug.

174 Denn was der weltlichen Gewalt und dem Adel zu tun sei, habe ich meines Dünkens genugsam gesagt im Büchlein von den guten Werken. Denn sie leben auch und regieren, dass es wohl besser taugte. Doch ist kein Gleichen weltlicher und geistlicher Missbräuche, wie ich daselbst angezeigt habe. Ich achte auch wohl, dass ich hoch gesungen habe, viel Dings vorgegeben, das für unmöglich wird angesehen, viele Stücke zu scharf angegriffen. Wie soll ich ihm aber tun? Ich bin es schuldig zu sagen. Könnte ich, so wollte ich auch also tun. Es ist mir lieber, die Welt zürne mit mir denn Gott; man wird mir je nicht mehr denn das Leben können nehmen. Ich hab bisher vielmal Frieden angeboten meinen Widersachern; aber, als ich sehe, Gott hat mich durch sie gezwungen, das Maul immer weiter aufzutun und ihnen, dieweil sie unmüßig sind zu reden, bellen, schreien und schreiben genug gegeben. Wohlan, ich weiß noch ein Liedlein von

Rom und von ihnen. Juckt sie das Ohr, ich will's ihnen auch singen und die Noten aufs Höchste stimmen. Verstehst mich wohl, liebes Rom, was ich meine?

175 Auch hab ich mein Schreiben vielmals auf Erkenntnis und Verhör erboten, das alles nichts geholfen. Wiewohl auch ich weiß, so meine Sache recht ist, dass sie auf Erden muss verdammt und allein von Christo im Himmel gerechtfertigt werden. Denn das ist die ganze Schrift, dass der Christen und Christenheit Sache allein von Gott muss gerichtet werden, ist auch noch nie eine von Menschen auf Erden gerechtfertigt, sondern ist allzeit der Widerpart zu groß und stark gewesen. Es ist auch meine allergrößte Sorge und Furcht, dass meine Sache möchte unverdammt bleiben, daran ich gewisslich erkenne, dass sie Gott nicht gefalle. Darum lass nur frisch einhergehen, es sei Papst, Bischöfe, Pfaff, Mönche oder Gelehrten; sie sind das rechte Volk, die da sollen die Wahrheit verfolgen, wie sie allzeit getan haben. Gott gebe uns allen einen christlichen Verstand und sonderlich dem christlichen Adel deutscher Nation einen rechten geistlichen Mut, der armen Kirche das Beste zu tun, Amen.

Zu Wittenberg im Jahr 1520

Von der Freiheit eines Christenmenschen

In der zweiten Hälfte des Oktobers 1520

Dem vorsichtigen und weisen Herrn, Hieronymus Mühlpfort, Stadtvogt zu Zwickau, meinem besondern günstigen Freund und Patron, entbiete ich, genannt D. Martinus Luther, Augustiner, meine willigen Dienste und alles Gute.

Vorsichtiger, weiser Herr und günstiger Freund! Der würdige Magister Johann Egran, Eurer löblichen Stadt Prediger, hat mir hochgepreist Eure Liebe und Lust, so Ihr zu der Heiligen Schrift tragt, welche Ihr auch emsig zu bekennen und vor den Menschen zu preisen nicht nachlasst. Derhalben er begehrt, mich mit Euch bekannt zu machen, bin ich gar leichtlich willig und fröhlich dessen beredet. Denn es mir eine sondere Freude ist zu hören, wo die göttliche Wahrheit geliebt wird, der leider so viele, und die am meisten, die sich ihres Titels aufwerfen, mit aller Gewalt und List widerstreben, wiewohl es also sein muss, dass an Christum, zu einem Ärgernis und Zeichen gesetzt, dem widersprochen werden muss, viele sich stoßen, fallen und auferstehen müssen. Darum habe ich, anzuheben unsere Bekanntschaft und Freundschaft, dies Traktätlein und Sermon Euch wollen zuschreiben im Deutschen, welches ich lateinisch dem Papst habe zugeschrieben, damit vor jedermann meiner Lehre und Schreibens von dem Papsttum nicht eine verweisliche, als ich hoffe, Ursache angezeigt.

Befehle mich hiermit Euch und allesamt göttlichen Gnaden. Amen.

Jesus

Zum Ersten, dass wir gründlich mögen erkennen, was ein Christenmensch sei und wie es getan sei um die Freiheit, die ihm Christus erworben und gegeben hat, davon St. Paulus viel schreibt, will ich setzen diese zwei Beschlüsse:

1) Ein Christenmensch ist ein freier Herr über alle Dinge und niemand untertan.
2) Ein Christenmensch ist ein dienstbarer Knecht aller Dinge und jedermann untertan.

Diese zwei Beschlüsse sind klärlich St. Paulus, 1 Kor 9,19: „Ich bin frei in allen Dingen und habe mich eines jedermann Knecht gemacht.“ Item Röm 13,8: „Ihr sollt niemand etwas verpflichtet sein, denn dass ihr euch untereinander liebet.“ Liebe aber, die ist dienstbar und untertan dem, das sie lieb hat. Also auch von Christo, Gal 4,4: „Gott hat seinen Sohn ausgesandt, von einem Weibe geboren, und dem Gesetz untertan gemacht.“

Zum anderen, diese zwei widerständigen Reden der Freiheit und Dienstbarkeit zu vernehmen, sollen wir gedenken, dass ein jeglicher Christenmensch ist zweierlei Natur, geistlicher und leiblicher. Nach der Seele wird er ein geistlicher, neuer, innerlicher Mensch genannt, nach dem Fleisch und Blut wird er ein leiblicher, alter und äußerlicher Mensch genannt. Und um dieses Unterschiedes willen werden Dinge von ihm gesagt in der Schrift, die da stracks wider einander sind, wie ich jetzt gesagt von der Freiheit und Dienstbarkeit.

Zum Dritten. Nehmen wir vor uns den inwendigen, geistlichen Menschen, zu sehen, was dazu gehöre, dass er ein frommer, freier Christenmensch sei und heiße, so ist's offenbar, dass kein äußerlich Ding mag ihn frei noch fromm machen, wie es mag immer genannt werden. Denn seine Frömmigkeit und Freiheit, wiederum seine Bosheit und Gefängnis sind nicht leiblich noch äußerlich. Was hilft's der Seele, dass der Leib ungefangen, frisch und gesund ist, isst, trinkt, lebt, wie er will? Wiederum, was schadet das der Seele, dass der Leib gefangen, krank und matt ist, hungert, dürstet und leidet, wie er nicht gerne wollte! Dieser Dinge reicht keines bis an die Seele, sie zu befreien oder fangen, fromm oder böse zu machen.

Zum Vierten, also hilft es der Seele nichts, ob der Leib heilige Kleider anlegt, wie die Priester und Geistlichen tun; auch nicht, ob er in den Kirchen und heiligen Stätten sei; auch nicht, ob er mit heiligen Dingen umgehe; auch nicht, ob er leiblich bete, faste, walle und alle guten Werke tue, die durch und in dem Leibe geschehen möchten ewiglich. Es muss noch alles etwas anderes sein, das der Seele bringt und gebe Frömmigkeit und Freiheit. Denn alle diese obgenannten Stücke, Werke und Weisen mag auch an sich haben und üben ein böser Mensch, ein Gleißner und Heuchler, auch durch solch Wesen kein ander Volk, denn eitel Gleißner werden. Wiederum schadet es der Seele nichts, ob der Leib unheilige Kleider trägt, an unheiligen Orten ist, isst, trinkt, wallt, betet nicht und lässt alle die Werke anstehen, die die obgenannten Gleißner tun.

Zum Fünften, hat die Seele kein ander Ding, weder im Himmel noch auf Erden, darin sie lebe, fromm, frei und Christ sei, denn das heilige Evangelium, das Wort Gottes von Christo gepredigt; wie er selbst sagt, Joh 11,25: „Ich bin das Leben und Auferstehung, wer da glaubt an mich, der lebet ewiglich"; item 14,6: „Ich bin der Weg, die Wahrheit und das Leben"; item Mt 4,4: „Der Mensch lebet nicht allein von dem Brot, sondern von allen Worten, die da gehen aus dem Mund Gottes." So müssen wir nun gewiss sein, dass die Seele kann alles Dinges entbehren, ohne das Wort Gottes, und ohne das Wort Gottes ist ihr mit keinem Ding geholfen. Wo sie aber das Wort hat, so bedarf sie auch keines anderen Dinges mehr, sondern sie hat in dem Wort Genüge, Speise, Freude, Friede, Licht, Gunst, Gerechtigkeit, Wahrheit, Weisheit, Freiheit und alles Gut überschwänglich.

Also lesen wir im Psalter, sonderlich im 119. Psalm V. 33ff., dass der Prophet nicht mehr schreiet denn nach Gotteswort. Und in der Schrift es für die allerhöchste Plage und Gottes Zorn gehalten wird, so er sein Wort von den Menschen nimmt, wiederum für keine größere Gnade, (denn) wo er sein Wort hinsendet, wie im Psalm 107,20 steht: „Er hat sein Wort ausgesandt, damit er ihnen hat geholfen." Und Christus um keines anderen Amtes wegen, denn zu predigen das Wort Gottes, gekommen ist, auch alle Apostel, Bischöfe, Priester und der ganze geistliche Stand allein um des Wortes willen ist berufen und eingesetzt, wiewohl es nun leider anders geht.

Zum Sechsten. Fragst du aber: Welches denn das Wort, das solche große Gnade gibt, ist, und wie soll ich's gebrauchen? Antwort: Es ist nichts anderes, denn die Predigt von Christo geschehen, wie (sie) das Evangelium enthält, welche soll sein und ist also angetan, dass du hörest deinen Gott zu dir reden, wie all dein Leben und Werke nichts seien vor Gott, sondern müssest mit alledem, was in dir ist, ewiglich verderben. Welches du recht glaubst, wie du schuldig bist, so musst du an dir selber verzweifeln und bekennen, dass wahr sei der Spruch Hosea 13,9: „O Israel, in dir ist nichts, denn dein Verderben; allein aber in mir stehet deine Hilfe.“ Dass du aber aus dir und von dir, das ist aus deinem Verderben kommen mögest, so setzt er dir vor seinen lieben Sohn Jesum Christum und lässt dir durch sein lebendiges, tröstliches Wort sagen, du sollst in denselben mit festem Glauben dich ergeben und frisch in ihn vertrauen. So sollen dir um desselben Glaubens willen alle deine Sünden vergeben, all dein Verderben überwunden sein und du gerecht, wahrhaftig, befriedet, fromm und alle Gebote erfüllt sein, von allen Dingen frei sein. Wie St. Paulus sagt, Röm 1,17: „Ein rechtfertiger Christ lebt nur von seinem Glauben“; und Röm 10,4: „Christus ist das Ende und die Fülle aller Gebote denen, die an ihn glauben.“

Zum Siebenten, darum sollte das billig aller Christen einiges Werk und Übung sein, dass sie das Wort und Christum wohl in sich bildeten, solchen Glauben stetig übten und stärkten. Denn kein ander Werk vermag einen Christen machen, wie Christus Joh 6,28–29 zu den Juden sagt, da sie ihn fragten, was sie für Werke tun sollten, dass sie göttliche und christliche Werke täten? sprach er: „Das ist das einige göttliche Werk, dass ihr glaubt in den, den Gott gesandt hat“, welchen Gott der Vater allein auch dazu verordnet hat. Darum ist's gar ein überschwänglicher Reichtum, ein rechter Glaube in Christo, denn er mit sich bringt alle Seligkeit und abnimmt alle Unseligkeit, wie Mk 16,16: „Wer da glaubt und getauft ist, der wird selig; wer nicht glaubt, der wird verdammt.“ Darum der Prophet Jes 10,23–22, den Reichtum desselben Glaubens ansah und sprach: „Gott wird eine kurze Summa machen auf Erden, und die kurze Summa wird wie eine Sintflut einfließen die Gerechtigkeit“, das ist der Glaube, darinnen kürzlich aller

Gebote Erfüllung steht, wird überflüssig rechtfertigen alle, die ihn haben, dass sie nichts mehr bedürfen, dass sie gerecht und fromm seien. Also sagt St. Paulus, Röm 10,10: „dass man von Herzen glaubt, das macht einen gerecht“ und fromm.

Zum Achten, wie geht es aber zu, dass der Glaube allein mag fromm machen und ohne alle Werke so überschwänglichen Reichtum geben, so doch so viel Gesetze, Gebote, Werke, Stände und Weisen uns vorgeschrieben sind in der Schrift? Hier ist fleißig zu merken und je mit Ernst zu behalten, dass allein der Glaube ohne alle Werke fromm, frei und selig macht, wie wir hernach mehr hören werden.

Und ist zu wissen, dass die ganze Heilige Schrift wird in zweierlei Wort geteilt, welche sind Gebote oder Gesetze Gottes und Verheißen oder Zusagungen. Die Gebote lehren und schreiben uns vor mancherlei gute Werke, aber damit sind sie noch nicht geschehen. Sie weisen wohl, sie helfen aber nicht; lehren, was man tun soll, geben aber keine Stärke dazu. Darum sind sie nur dazu geordnet, dass der Mensch darinnen sehe sein Unvermögen zu dem Guten und lerne an ihm selbst verzweifeln. Und darum heißen sie auch das Alte Testament und gehören alle ins Alte Testament. Als das Gebot: „Du sollst nicht böse Begierde haben“ beweist, dass wir allesamt Sünder sind, und kein Mensch vermag zu sein ohne böse Begierde, er tue, was er will; daraus er lernt an ihm selbst verzagen und anderswo zu suchen Hilfe, dass er ohne böse Begierde sei, und also das Gebot erfülle durch einen anderen, das er aus ihm selbst nicht vermag. Also sind auch alle anderen Gebote uns unmöglich.

Zum Neunten. Wenn nun der Mensch aus den Geboten sein Unvermögen gelernt und empfunden hat, dass ihm nun angst wird, wie er dem Gebot genugtue, sintemal das Gebot muss erfüllt sein oder er muss verdammt sein, so ist er recht gedemütigt und zunichte geworden in seinen Augen, findet nichts in ihm, damit er möge fromm werden. Denn so kommt das andere Wort, die göttliche Verheißung und Zusagung, und spricht: Willst du alle Gebote erfüllen, deiner bösen Begierde und Sünde loswerden, wie die Gebote zwingen und fordern; siehe da, glaube in Christum, in welchem ich dir zusage alle Gnade, Gerechtigkeit, Frieden und Freiheit, glaubst du, so hast du, glaubst du nicht, so hast du nicht. Denn das dir unmöglich ist mit allen Werken der Gebote, der viel und doch kein nutz sein müssen, das wird dir leicht und kurz durch den Glauben. Denn ich habe kürzlich in den Glauben gestellt alle Dinge, dass, wer ihn hat, soll alle Dinge haben und selig sein; wer ihn nicht hat, soll nichts haben.

Also geben die Zusagungen Gottes, was die Gebote erfordern, und vollbringen, was die Gebote heißen, auf dass es alles Gottes eigen sei, Gebot und Erfüllung. Er heißt allein, er erfüllt auch allein. Drum sind die Zusagungen Gottes Worte des Neuen Testaments und gehören auch ins Neue Testament.

Zum Zehnten. Nun sind diese und alle Worte Gottes heilig, wahrhaftig, gerecht, friedsam, frei und aller Güte voll. Darum, wer ihnen mit einem rechten Glauben anhängt, dessen Seele wird mit ihm vereinigt, so ganz und gar, dass alle Tugenden des Wortes auch eigen werden der Seele und also durch den Glauben die Seele von dem Wort Gottes heilig, gerecht, wahrhaftig, friedsam, frei und aller Güte voll, ein wahrhaftiges Kind Gottes wird, wie Johannes Kap. 1,12 sagt: „Er hat ihnen gegeben, dass sie mögen Kinder Gottes werden, alle, die an seinen Namen glauben."

Hieraus leichtlich zu merken ist, warum der Glaube so viel vermag, und dass keine guten Werke ihm gleich sein können. Denn kein gut Werk hängt an dem göttlichen Wort, wie der Glaube, kann auch nicht in der Seele sein, sondern allein das Wort und der Glaube regieren in der Seele. Wie das Wort ist, so wird auch die Seele von ihm, gleich als das Eisen wird glutrot wie das Feuer aus der Vereinigung mit dem Feuer. Also sehen wir, dass an dem Glauben ein Christenmensch genug hat, er bedarf keines Werkes, dass er fromm sei. Bedarf er denn keines Werkes mehr, so ist er gewisslich entbunden von allen Geboten und Gesetzen. Ist er entbunden, so ist er gewisslich frei.

Das ist die christliche Freiheit, der einige Glaube, der da macht, nicht dass wir müßiggehen oder übel tun mögen, sondern dass wir keines Werkes bedürfen, um zur Frömmigkeit und Seligkeit zu gelangen, wovon wir mehr hernach sagen wollen.

Zum Elften. Weiter ist's mit dem Glauben also getan, dass, welcher dem anderen glaubt, der glaubt ihm darum, dass er ihn für einen frommen wahrhaftigen Mann achtet, welches die größte Ehre ist, die ein Mensch dem anderen tun kann. Als es wiederum die größte Schmach ist, so er ihn für einen losen, lügenhaftigen, leichtfertigen Mann achtet. Also auch, wenn die Seele Gottes Wort festiglich glaubt, so hält sie ihn für wahrhaftig, fromm und gerecht, damit sie ihm tut die allergrößte Ehre, die sie ihm tun kann. Denn da gibt sie ihm recht, da lässt sie ihm recht, da ehrt sie seinen Namen und lässt mit sich handeln, wie er will, denn sie zweifelt nicht, er sei fromm, wahrhaftig in allen seinen Worten.

Wiederum kann man Gott keine größere Unehre antun, denn ihm nicht glauben, damit die Seele ihn für einen Untüchtigen, Lügenhaftigen, Leichtfertigen hält und, so viel an ihr ist, ihn verleugnet mit solchem Unglauben und einen Abgott ihres eigenen Sinnes im Herzen wider Gott aufrichtet, als wollte sie es besser wissen denn er. Wenn denn Gott sieht, dass ihm die Seele Wahrheit gibt, und ihn also ehrt durch ihren Glauben, so ehrt er sie wiederum und hält sie auch für fromm und wahrhaftig, und sie ist auch fromm und wahrhaftig durch solchen Glauben. Denn dass man Gott die Wahrheit und Frömmigkeit gebe, das ist Recht und Wahrheit und macht recht und wahrhaftig, dieweil es wahr ist und recht, dass Gott die Wahrheit gegeben werde. Welches die nicht tun, die nicht glauben und doch sich mit vielen guten Werken treiben und mühen.

Zum Zwölften. Nicht allein gibt der Glaube so viel, dass die Seele dem göttlichen Wort gleich wird, aller Gnaden voll, frei und selig, sondern vereinigt auch die Seele mit Christo als eine Braut mit ihrem Bräutigam. Aus welcher Ehe folgt, wie St. Paulus sagt Eph 5,30, dass Christus und die Seele Ein Leib werden; so werden auch beider Güter, Fall, Unfall und alle Dinge gemein, dass, was Christus hat, das ist eigen der gläubigen Seele; was die Seele hat, wird eigen Christi. So hat Christus alle Güter und Seligkeit; die sind der Seele eigen. So hat die Seele alle Untugend und Sünde auf ihr; die werden Christi eigen.

Hier hebt sich nun der fröhliche Wechsel und Streit. Dieweil Christus ist Gott und Mensch, welcher noch nie gesündigt hat, und seine Frömmigkeit unüberwindlich, ewig und allmächtig ist, so er denn der gläubigen Seele Sünde durch ihren Brautring, das ist der Glaube, sich selbst eigen macht und nicht anders tut, denn als hätte er sie getan; so müssen die

Sünden in ihm verschlungen und ersäuft werden. Denn seine unüberwindliche Gerechtigkeit ist allen Sünden zu stark. Also wird die Seele von allen ihren Sünden lauterlich durch ihren Mahlschatz, das ist des Glaubens halber ledig und frei, und begabt mit der ewigen Gerechtigkeit ihres Bräutigams Christi.

Ist nun das nicht eine fröhliche Wirtschaft, da der reiche, edle, fromme Bräutigam Christus das arme, verachtete, böse Hürlein zur Ehe nimmt und sie entledigt von allem Übel, ziert mit allen Gütern? So ist's nicht möglich, dass die Sünde sie verdamme, denn sie liegen nun auf Christo und sind in ihm verschlungen. So hat sie so eine reiche Gerechtigkeit in ihrem Bräutigam, dass sie abermals wider alle Sünden bestehen mag, ob sie schon auf ihr lägen. Davon sagt Paulus, 1 Kor 15,57–55: „Gott sei Lob und Dank, der uns hat gegeben eine solche Überwindung in Christo Jesu, in welcher verschlungen ist der Tod mit der Sünde."

Zum Dreizehnten. Hier siehst du aber, aus welchem Grunde dem Glauben so viel billig zugeschrieben wird, dass er alle Gebote erfüllt, und ohne alle anderen Werke fromm macht. Denn du siehst hier, dass er das erste Gebot erfüllt allein, da geboten wird: „Du sollst deinen Gott ehren." Wenn du nun eitel gute Werke wärest bis auf die Fersen, so wärest du dennoch nicht fromm und gäbest Gott noch keine Ehre, und also erfülltest du das allererste Gebot nicht. Denn Gott mag nicht geehrt werden, ihm werde denn Wahrheit und alles Gute zugeschrieben, wie er denn wahrlich ist. Das tun aber keine guten Werke, sondern allein der Glaube des Herzens.

Darum ist er allein die Gerechtigkeit des Menschen und aller Gebote Erfüllung. Denn wer das erste Hauptgebot erfüllt, der erfüllt gewisslich und leichtlich auch alle anderen Gebote. Die Werke aber sind tote Dinge, können nicht ehren noch loben Gott, wiewohl sie mögen geschehen und lassen sich tun Gott zu Ehren und Lob; aber wir suchen hier den, der nicht getan wird, als die Werke, sondern den Selbsttäter und Werkmeister, der Gott ehrt und die Werke tut. Das ist niemand denn der Glaube des Herzens; der ist das Haupt und ganzes Wesen der Frömmigkeit. Darum es eine gefährliche, finstere Rede ist, wenn man lehrt, die Gebote Gottes mit Werken zu erfüllen, so die Erfüllung vor allen Werken durch den Glauben muss geschehen sein, und die Werke folgen nach der Erfüllung, wie wir hören werden.

Zum Vierzehnten. Weiterzusehen, was wir in Christo haben, und wie groß Gut sei ein rechter Glaube, ist zu wissen, dass vor und in dem Alten Testament Gott ihm auszog und vorbehielt alle erste männliche Geburt von Menschen und von Tieren, 2 Mos 13,2. Und die erste Geburt war köstlich und hatte zwei große Vorteile vor allen anderen Kindern, nämlich die Herrschaft und Priesterschaft, oder Königreich und Priestertum, 1 Mos 49,3, also dass auf Erden das erstgeborene Knäblein war ein Herr über alle seine Brüder und ein Pfaffe oder Papst vor Gott. Durch welche Figur bedeutet ist Jesus Christus, der eigentlich dieselbe erste männliche Geburt ist Gottes [des] Vaters, von der Jungfrau Maria. Darum ist er ein König und Priester, doch geistlich. Denn sein Reich ist nicht irdisch noch in irdischen, sondern in geistlichen Gütern, als da sind Wahrheit, Weisheit, Friede, Freude, Seligkeit usw. Damit aber nicht ausgezogen ist zeitlich Gut; denn es sind ihm alle Dinge unterworfen im Himmel, Erde und Hölle Psalm 8,7, wiewohl man ihn nicht sieht; das macht, dass er geistlich, unsichtlich regiert.

Also auch sein Priestertum steht nicht in den äußerlichen Gebärden und Kleidern, wie wir bei den Menschen sehen, sondern es steht im Geist unsichtlich, also dass er vor Gottes Augen ohne Unterlass für die Seinen steht und sich selbst opfert und alles tut, was ein frommer Priester tun soll. „Er bittet für uns", wie St. Paulus, Röm 8,34 sagt. So lehrt er uns inwendig im Herzen; welches sind zwei eigentliche, rechte Ämter eines Priesters. Denn also bitten und lehren auch äußerliche, menschliche, zeitliche Priester.

Zum Fünfzehnten. Wie nun Christus die erste Geburt hat mit ihrer Ehre und Würdigkeit, also teilt er sie mit allen seinen Christen, dass sie durch den Glauben müssen auch alle Könige und Priester sein mit Christo, wie St. Petrus sagt 1 Petr 2,9: „Ihr seid ein priesterlich Königreich und ein königliches Priestertum." Und das geht also zu, dass ein Christenmensch durch den Glauben so hoch erhaben wird über alle Dinge, dass er aller ein Herr wird geistlich; denn es kann ihm kein Ding nicht schaden zur Seligkeit, ja, es muss ihm alles untertan sein und helfen zur Seligkeit, wie St. Paulus lehrt Röm 8,28: „Alle Dinge müssen helfen den Auserwählten zu ihrem Besten", es sei Leben, Sterben, Sünde, Frömmigkeit, Gutes und Böses, wie man es nennen kann. Item 1 Kor 3,22: „Alle Dinge sind euer, es sei das Leben oder der Tod, Gegenwärtiges oder Zukünftiges" usw.

Nicht dass wir aller Dinge leiblich mächtig seien, sie zu besitzen oder zu brauchen, wie die Menschen auf Erden. Denn wir müssen sterben leiblich und mag niemand dem Tode entfliehen; so müssen wir auch viel anderen Dingen unterliegen, wie wir in Christo und seinen Heiligen sehen. Denn dies ist eine geistliche Herrschaft, die da regiert in der leiblichen Unterdrückung, das ist, ich kann mich an allen Dingen bessern nach der Seele, dass auch der Tod und Leiden müssen mir dienen und nützlich sein zur Seligkeit. Das ist gar eine hohe, ehrliche Würdigkeit und eine rechte allmächtige Herrschaft, ein geistliches Königreich, da kein Ding ist so gut, so böse, es muss mir dienen zum Guten, so ich glaube, und bedarf sein doch nicht, sondern mein Glaube ist mir genugsam. Siehe, wie ist das eine köstliche Freiheit und Gewalt der Christen.

Zum Sechzehnten.: Über das sind wir Priester, das ist noch viel mehr, denn König sein, darum dass das Priestertum uns würdig macht, vor Gott zu treten und für andere zu bitten. Denn vor Gottes Augen zu stehen und bitten, gebührt niemand denn den Priestern. Also hat uns Christus erworben, dass wir mögen geistlich füreinander vor Gott treten und bitten; wie ein Priester für das Volk leiblich tritt und bittet. Wer aber nicht glaubt in Christum, dem dient kein Ding zugute, er ist ein Knecht aller Dinge, muss sich aller Dinge ärgern. Dazu ist sein Gebet nicht angenehm, kommt auch nicht vor Gottes Augen.

Wer mag nun ausdenken die Ehre und Höhe eines Christenmenschen? Durch sein Königreich ist er aller Dinge mächtig. Denn Gott tut, was er bittet und will, wie da steht geschrieben im Psalter 145,19: „Gott tut den Willen derer, die ihn fürchten, und erhöret ihr Gebet", zu welchen Ehren er nur allein durch den Glauben und durch kein Werk kommt. Daraus man klar sieht, wie ein Christenmensch frei ist von allen Dingen und über alle Dinge, also dass er keiner guten Werke dazu bedarf, dass er fromm und selig sei; sondern der Glaube bringt's ihm alles überflüssig. Und wo er so töricht wäre und meinte, durch ein gut Werk fromm, frei, selig oder ein Christ zu werden, so verlöre er den Glauben mit allen Dingen, gleich wie der Hund, der ein Stück Fleisch im Mund trug und nach dem Schemen im Wasser schnappte, damit Fleisch und Schemen verlor.

Zum Siebzehnten. Fragst du: Was ist denn für ein Unterschied zwischen den Priestern und Laien in der Christenheit, so sie alle Priester sind? Antwort: Es ist dem Wörtlein „Priester", „Pfaffe", „Geistlich" und desgleichen Unrecht geschehen, dass sie von dem gemeinen Haufen weg sind gezogen auf den kleinen Haufen, den man jetzt nennt geistlichen Stand. Die Heilige Schrift gibt keinen anderen Unterschied, denn dass sie die Gelehrten oder Geweihten nennt *ministros*, *servos*, *oeconomos*, das ist Diener, Knechte, Schaffner, die da sollen den anderen Christum, Glauben und christliche Freiheit predigen. Denn ob wir wohl alle gleich Priester sind, so können wir doch nicht alle dienen oder schaffen und predigen. Also sagt St. Paulus 1 Kor 4,1: „Wir wollen nichts mehr von den Leuten gehalten sein, denn Christum Diener und Schaffner des Evangelii." Aber nun ist aus der Schaffnerei geworden eine solche weltliche, äußerliche, prächtige, furchtsame Herrschaft und Gewalt, dass ihr die rechte weltliche Macht in keinem Weg mag gleichen, gerade als wären die Laien etwas anderes denn Christenleute. Damit hingenommen ist der ganze Verstand christlicher Gnade, Freiheit, Glaubens und alles, was wir von Christo haben, und Christus selbst; wir haben dafür überkommen viel Menschengesetze und Werke, sind ganz Knechte geworden der alleruntüchtigsten Leute auf Erden.

Zum Achtzehnten. Aus dem allen lernen wir, dass es nicht genug sei gepredigt, wenn man Christus Leben und Werk obenhin und nur als eine Historie und Chronikengeschichte predigt, geschweige denn, so man seiner gar schweigt, und das geistliche Recht oder ander Menschengesetz und Lehre predigt.

Ihrer ist auch viel, die Christum also predigen und lesen, dass sie ein Mitleiden über ihn haben, mit den Juden zürnen oder sonst mehr kindische Weise drinnen üben. Aber er soll und muss also gepredigt sein, dass mir und dir der Glaube draus erwachse und erhalten werde. Welcher Glaube dadurch erwächst und erhalten wird, wenn mir gesagt wird, warum Christus gekommen sei, wie man seiner gebrauchen und genießen soll, was er mir gebracht und gegeben hat. Das geschieht, wo man recht auslegt die christliche Freiheit, die wir von ihm haben, und wie wir Könige und Priester seien, aller Dinge mächtig, und alles, was wir tun, dass es vor Gottes Augen angenehm und erhört sei, wie ich bisher gesagt habe.

Denn wo ein Herz also Christum hört, das muss fröhlich werden, von ganzem Grunde Trost empfangen und süß werden gegen Christo, ihn wiederum lieb zu haben. Dahin es nimmermehr mit Gesetzen oder Werken kommen mag. Denn wer will einem solchen Herzen Schaden tun oder es erschrecken? Fällt die Sünde und der Tod daher, so glaubt es, Christus Frömmigkeit sei sein, und seine Sünde sei nimmer sein, sondern Christi; so muss die Sünde verschwinden vor Christus Frömmigkeit in dem Glauben, wie droben gesagt ist, und es lernt mit dem Apostel dem Tod und Sünde Trotz bieten und sagen: „Wo ist nun, du Tod, dein Sieg? Wo ist nun, Tod, dein Spieß? Dein Spieß ist die Sünde. Aber Gott sei Lob und Dank, der uns hat gegeben den Sieg durch Jesum Christum, unseren Herrn. Und der Tod ist ersäuft in seinem Sieg" usw. (1 Kor 15,55–57)

Das andere Teil

Zum Neunzehnten. Das sei nun genug gesagt von dem innerlichen Menschen, von seiner Freiheit und der Hauptgerechtigkeit, welche keines Gesetzes noch guten Werkes bedarf, ja, ihr schädlich ist, so jemand dadurch wollte rechtfertig zu werden sich vermessen.

Nun kommen wir aufs andere Teil, auf den äußerlichen Menschen. Hier wollen wir antworten allen denen, die sich ärgern aus den vorigen Reden, und pflegen zu sprechen: Ei, so denn der Glaube alle Dinge ist und gilt allein genugsam fromm zu machen, warum sind denn die guten Werke geboten? So wollen wir guter Dinge sein und nichts tun. Nein, lieber Mensch, nicht also; es wäre wohl also, wenn du allein ein innerlicher Mensch wärest und ganz geistlich und innerlich geworden, welches nicht geschieht bis an den Jüngsten Tag. Es ist und bleibt auf Erden nur ein Anheben und Zunehmen, welches wird in jener Welt vollbracht. Daher heißet's der Apostel *primitias Spiritus*, das sind, die ersten Früchte des Geistes (Röm 8,23). Darum gehört hierher, was droben gesagt ist: Ein Christenmensch ist ein dienstbarer Knecht und jedermann untertan; gleich, wo er frei ist, darf er nichts tun; wo er Knecht ist, muss er allerlei tun; wie das zugehe, wollen wir sehen.

Zum Zwanzigsten. Obwohl der Mensch inwendig nach der Seele durch den Glauben genugsam rechtfertig ist und alles hat, was er haben soll, ohne dass derselbe Glaube und Genüge muss immer zunehmen bis in jenes Leben, so bleibt er doch noch in diesem leiblichen Leben auf Erden und muss seinen eigenen Leib regieren und mit Leuten umgehen. Da heben sich nun die Werke an; hier muss er nicht müßiggehen, da muss fürwahr der Leib mit Fasten, Wachen, Arbeiten und mit aller mäßigen Zucht getrieben und geübt sein, dass er dem innerlichen Menschen und dem Glauben gehorsam und gleichförmig werde, nicht hindere noch widerstrebe, wie seine Art ist, wo er nicht gezwungen wird. Denn der innerliche Mensch ist mit Gott eins, fröhlich und lustig um Christi willen, der ihm so viel getan hat, und besteht alle seine Lust darin, dass er wiederum möchte Gott auch umsonst dienen in freier Liebe; so findet er in seinem Fleisch einen widerspenstigen Willen, der will der Welt dienen und suchen, was ihn gelüstet. Das mag der Glaube nicht leiden und legt sich mit Lust an seinen Hals, ihn zu dämpfen und wehren. Wie St. Paulus sagt, Röm 7,22–23: „Ich habe eine Lust in Gottes Willen nach meinem innern Menschen; so finde ich einen anderen Willen in meinem Fleisch, der will mich mit Sünden gefangen nehmen“ item 1 Kor 9,27: „Ich züchtige meinen Leib und treibe ihn zum Gehorsam, auf dass ich nicht selbst verwerflich werde, der die andern lehren soll“ item Gal 5,24: „Alle, die Christum angehören, kreuzigen ihr Fleisch mit seinen bösen Lüsten.“

Zum Einundzwanzigsten. Aber dieselben Werke müssen nicht geschehen in der Meinung, dass dadurch der Mensch fromm werde vor Gott, denn die falsche Meinung kann der Glaube nicht leiden, der allein ist und sein muss die Frömmigkeit vor Gott, sondern nur in der Meinung, dass der Leib gehorsam werde und gereinigt von seinen bösen Lüsten, und das Auge nur sehe auf die bösen Lüste, sie auszutreiben. Denn dieweil die Seele durch den Glauben rein ist und Gott liebt, wollte sie gern, dass auch also alle Dinge rein wären, zuvor ihr eigener Leib, und jedermann Gott mit ihr liebte und lobte. So geschieht's, dass der Mensch seines eigenen Leibes halben nicht kann müßiggehen und muss viel guter Werke drüber üben, dass er ihn zwinge; und doch die Werke nicht das rechte Gut sind, davon er fromm und gerecht sei vor Gott, sondern tue sie aus freier Liebe umsonst, Gott zu gefallen; nichts darin anders gesucht noch angesehen, denn dass es Gott also gefällt, dessen Willen er gern täte aufs Allerbeste.

Daraus denn ein jeglicher kann selbst nehmen die Maß und Bescheidenheit, den Leib zu kasteien; denn er fastet, wacht, arbeitet, so viel er sieht, dem Leib Not sein, seinen Mutwillen zu dämpfen. Die anderen aber, die da meinen, mit Werken fromm zu werden, haben keine Acht auf die Kasteiung, sondern sehen nur auf die Werke, und meinen, wenn sie derselben nur viel und große tun, so sei es wohl getan und sie würden fromm; zuweilen zerbrechen sie sich die Köpfe und verderben ihre Leiber darüber. Das ist eine große Torheit und Unverstand christlichen Lebens und Glaubens, dass sie ohne Glauben durch Werke fromm und selig werden wollen.

Zum Zweiundzwanzigsten. Dass wir dessen etliche Gleichnisse geben, soll man die Werke eines Christenmenschen, der durch seinen Glauben und aus lautrer Gnade Gottes umsonst ist rechtfertig und selig geworden, nicht anders achten, denn wie die Werke Adams und Evas im Paradies gewesen wären. Davon 1 Mos 2,15 steht geschrieben, „dass Gott den geschaffenen Menschen setzte ins Paradies, dass er daselbst arbeiten und hüten sollte."

Nun war Adam von Gott fromm und wohl geschaffen ohne Sünde, dass es durch sein Arbeiten und Hüten nicht durfte fromm und rechtfertig werden; doch dass er nicht müßigginge, gab ihm Gott zu schaffen, das Paradies zu pflanzen, bauen und bewahren. Welches wären eitel freie Werke gewesen, um keines Dinges willen getan, denn allein Gott zu gefallen und nicht um Frömmigkeit zu erlangen, die er zuvor hatte; welche uns auch allen natürlich wäre angeboren gewesen.

Also auch eines gläubigen Menschen Werk, welcher durch seinen Glauben ist wiederum ins Paradies gesetzt und von Neuem geschaffen, bedarf keiner Werke, fromm zu werden, sondern dass er nicht müßiggehe und seinen Leib arbeite und bewahre, sind ihm solche freie Werke zu tun, allein Gott zu gefallen, befohlen.

Item, gleichwie ein geweihter Bischof, wenn er Kirchen weiht, firmelt oder sonst seines Amtes Werk übt, so machen ihn dieselben Werke nicht zu einem Bischof; ja, wenn er nicht zuvor zum Bischof geweiht wäre, so taugte derselben Werke keines und wäre eitel Narrenwerk. Also ein Christ, der, durch den Glauben geweiht, gute Werke tut, wird durch dieselben nicht besser oder mehr geweiht (welches nichts denn des Glaubens Mehrung tut) zu einem Christen; ja, wenn er nicht zuvor glaubte und Christ wäre, so gälten alle seine Werke nichts, sondern wären eitel närrische, sträfliche, verdammliche Sünden.

Zum Dreiundzwanzigsten. Darum sind die zwei Sprüche wahr: „Gute, fromme Werke machen nimmermehr einen guten, frommen Mann, sondern ein guter, frommer Mann macht gute, fromme Werke“; „böse Werke machen nimmermehr einen bösen Mann, sondern ein böser Mann macht böse Werke“. Also dass allewege die Person zuvor muss gut und fromm sein vor allen guten Werken und gute Werke folgen und ausgehen von der frommen, guten Person. Gleichwie Christus sagt Mt 7,18: „Ein böser Baum trägt keine guten

Früchte. Ein guter Baum trägt keine bösen Früchte." Nun ist's offenbar, dass die Früchte tragen nicht den Baum, so wachsen auch die Bäume nicht auf den Früchten, sondern wiederum, die Bäume tragen die Frucht, und die Früchte wachsen auf den Bäumen. Wie nun die Bäume müssen eher sein denn die Früchte, und die Früchte machen nicht die Bäume weder gut noch böse, sondern die Bäume machen die Früchte; also muss der Mensch in der Person zuvor fromm oder böse sein, ehe er gute oder böse Werke tut, und seine Werke machen ihn nicht gut oder böse, sondern er macht gute oder böse Werke.

Desgleichen sehen wir in allen Handwerken. Ein gutes oder böses Haus macht keinen guten oder bösen Zimmermann, sondern ein guter oder böser Zimmermann macht ein böses oder gutes Haus. Kein Werk macht einen Meister, darnach das Werk ist, sondern wie der Meister ist, darnach ist sein Werk auch. Also sind die Werke des Menschen auch; wie es mit ihm steht im Glauben oder Unglauben, darnach sind seine Werke gut oder böse. Und nicht wiederum, wie seine Werke stehen, darnach sei er fromm oder gläubig. Die Werke, gleichwie sie nicht gläubig machen, so machen sie auch nicht fromm. Aber der Glaube, gleichwie er fromm macht, so macht er auch gute Werke.

So denn die Werke niemand fromm machen, und der Mensch zuvor muss fromm sein, ehe er wirkt: so ist's offenbar, dass allein der Glaube aus lautrer Gnade, durch Christum und sein Wort, die Person genugsam fromm und selig macht. Und dass kein Werk, kein Gebot einem Christen Not sei zur Seligkeit, sondern er frei ist von allen Geboten und aus lauterer Freiheit umsonst tut alles, was er tut, nichts damit gesucht seines

Nutzes oder Seligkeit, denn er schon satt und selig ist durch seinen Glauben und Gottes Gnaden, sondern tut gute Werke, nur um Gott darinnen zu gefallen.

Zum Vierundzwanzigsten. Wiederum dem, der ohne Glauben ist, ist kein gut Werk förderlich zur Frömmigkeit und Seligkeit. Wiederum kann kein bös Werk ihn böse und verdammt machen, sondern der Unglaube, der die Person und den Baum böse macht, der tut böse und verdammte Werke. Darum, wenn man fromm oder böse wird, hebt sich's nicht an den Werken an, sondern an dem Glauben oder an dem Unglauben, wie der weise Mann sagt (Sir 10,14): „Anfang aller Sünde ist von Gott weichen und ihm nicht trauen." Also lehrt auch Christus (Mt 12,33), wie man nicht an den Werken muss anheben, und sagt: „Entweder machet den Baum gut und seine Früchte gut; oder machet den Baum böse und seine Früchte böse"; als sollte er sagen: Wer gute Früchte haben will, muss zuvor an dem Baum anheben und denselben gut setzen.

Also, wer da will gute Werke tun, muss nicht an den Werken anheben, sondern an der Person, die die Werke tun soll. Die Person aber macht niemand gut denn allein der Glaube, und niemand macht sie böse denn allein der Unglaube. Das ist wohl wahr: Die Werke machen einen fromm oder böse vor den Menschen, das ist, sie zeigen äußerlich an, wer fromm oder böse sei, wie Christus sagt, Mt 7,20: „Aus ihren Früchten sollt ihr sie erkennen." Aber das ist alles im Schein und äußerlich, welches Ansehen irremacht viele Leute, die da schreiben und lehren, wie man gute Werke tun soll und fromm werden, so sie doch des Glaubens nimmer gedenken, gehen dahin, und führt immer ein Blinder den anderen, martern sich mit vielen Werken und kommen doch nimmer zu der rechten Frömmigkeit, von welchen St. Paulus sagt 2 Tim 3,5: „Sie haben einen Schein der Frömmigkeit, aber der Grund ist nicht da“, gehen hin und lernen immer und immer, und kommen doch nimmer zur Erkenntnis der wahren Frömmigkeit.

Wer nun mit denselben Blinden nicht will irren, muss weiter sehen denn in die Werke, Gebot oder Lehre der Werke. Er muss auf die Person sehen vor allen Dingen, wie die fromm werde. Die wird aber nicht durch Gebot und Werk, sondern durch Gottes Wort (das ist durch seine Verheißung der Gnaden) und den Glauben fromm und selig, auf dass bestehe seine göttliche Ehre, dass er uns nicht durch unsere Werke, sondern durch sein gnädiges Wort umsonst und aus lauter Barmherzigkeit selig mache.

Zum Fünfundzwanzigsten. Aus diesem allen ist leichtlich zu verstehen, wie gute Werke zu verwerfen und nicht zu verwerfen sind, und wie man alle Lehren verstehen soll, die da gute Werke lehren. Denn wo der falsche Anhang und die verkehrte Meinung drin ist, dass durch die Werke wir fromm und selig werden wollen, sind sie schon nicht gut und ganz verdammlich; denn sie sind nicht frei und schmähen die Gnade Gottes, die allein durch den Glauben fromm und selig macht, welches die Werke nicht vermögen, und nehmen es ihnen doch vor zu tun, und damit der Gnade in ihr Werk und Ehre greifen.

Darum verwerfen wir die guten Werke, nicht um ihretwillen, sondern um desselben bösen Zusatzes und falscher verkehrter Meinung willen, welche macht, dass sie nur gut scheinen und sind doch nicht gut, betrügen sich und jedermann damit; gleich wie die reißenden Wölfe in Schafskleidern.

Aber derselbe böse Zusatz und verkehrte Meinung in den Werken ist unüberwindlich, wo der Glaube nicht ist. Er muss sein in denselben Werkheiligen bis der Glaube komme und verstöre ihn: die Natur vermag ihn von sich selbst nicht auszutreiben, ja, auch nicht zu erkennen: sondern sie hält ihn für ein köstlich, selig Ding; darum werden ihrer auch so viel dadurch verführt.

Derhalben, ob's wohl gut ist, von Reuen, Beichten, Genugtun schreiben und predigen; so man aber nicht weiter fährt bis zum Glauben, sind es gewisslich eitel teuflische, verführerische Lehren. Man muss nicht einerlei allein predigen, sondern alle beide Worte Gottes. Die Gebote soll man predigen, die Sünder zu erschrecken und ihre Sünden zu offenbaren, dass sie Reue haben und sich bekehren. Aber da soll es nicht bleiben; man muss das andere Wort, die Zusagung der Gnaden, auch predigen, den Glauben zu lehren, ohne welchen die Gebote, Reue und alles andere vergebens geschieht. Es sind wohl noch geblieben Prediger, die Reue der Sünde und Gnade predigen; aber sie streichen die Gebote und Zusagung Gottes nicht so aus, dass man lerne, woher und wie die Reue und Gnade komme. Denn die Reue fließt aus den Geboten, der Glaube aus der Zusagung Gottes: Und also wird der Mensch durch den Glauben göttlichen Wortes gerechtfertigt und erhaben, der durch die Furcht vor Gottes Gebot gedemütigt und in sein Erkenntnis gekommen ist.

Zum Sechsundzwanzigsten. Das sei von den Werken gesagt insgemein und die ein Christenmensch gegen seinen eigenen Leib üben soll. Nun wollen wir von mehr Werken sagen, die er gegen andere Menschen tut. Denn der Mensch lebt nicht allein in seinem Leibe, sondern auch unter anderen Menschen auf Erden. Darum kann er nicht ohne Werke sein gegen dieselben, er muss je mit ihnen zu reden und zu schaffen haben; wiewohl ihm derselben Werke keines Not ist zur Frömmigkeit und Seligkeit. Darum soll seine Meinung in allen Werken frei und nur dahin gerichtet sein, dass er anderen Leuten damit diene und nütze sei; nichts anderes ihm vorbilde, denn was den anderen Not ist. Das heißt denn ein wahrhaftig Christenleben, und da geht der Glaube mit Lust und Liebe ins Werk, wie St. Paulus lehrt die Galater (Kap. 5,6).

Denn zu den Philippern, da er sie gelehrt hatte, wie sie alle Gnade und Genüge hätten durch ihren Glauben in Christo, lehrt er sie weiter und sagt (Phil 2,1–4): „Ich vermahne euch alles Trostes, den ihr in Christo habt, und alles Trostes, den ihr habt von unserer Liebe zu euch, und aller Gemeinschaft, die ihr habt mit allen geistlichen, frommen Christen, ihr wollt mein Herz erfreuen vollkömmlich; und das damit, dass ihr hinfort wollet Eines Sinnes sein, einer gegen den anderen Liebe erzeigen, einer dem anderen dienen, und ein jeglicher Acht haben, nicht auf sich noch auf das Seine, sondern auf den anderen, und was demselben Not sei."

Siehe, da hat Paulus klärlich ein christliches Leben dahin gestellt, dass alle Werke sollen gerichtet sein dem Nächsten zugute, dieweil ein jeglicher für sich selbst genug hat an seinem Glauben und alle anderen Werke und Leben ihm übrig sind, seinem Nächsten damit aus freier Liebe zu dienen. Dazu führt er ein Christum zu einem Exempel und sagt Phil 2,5–6: „Seid also gesinnet, wie ihr sehet in Christo, welcher, ob er wohl voll göttlicher Form war" und für sich selbst genug hatte und ihm sein Leben, Wirken und Leiden nicht Not war, dass er damit fromm oder selig würde, „dennoch hat er sich dess alles geäußert und gebärdet wie ein Knecht", allerlei getan und gelitten, nichts angesehen denn unser Bestes; und also, ob er wohl frei war, doch um unser willen ein Knecht geworden.

Zum Siebenundzwanzigsten. Also soll ein Christenmensch, wie Christus, sein Haupt, voll und satt ihm auch begnügen lassen an seinem Glauben, denselben immer mehren, welcher sein Leben, Frömmigkeit und Seligkeit ist, der ihm gibt alles, was Christus und Gott hat, wie droben gesagt ist. Und St. Paulus Gal 2,20 spricht: „Was ich noch in dem Körper lebe, das lebe ich in dem Glauben Christi, Gottes Sohnes." Und ob er nun ganz frei ist, soll ein Christ sich wiederum williglich einen Diener machen, seinem Nächsten zu helfen, mit ihm fahren und handeln, wie Gott mit ihm durch Christum gehandelt hat. Und das alles umsonst, nichts darinnen suchen denn göttliches Wohlgefallen und also denken: „Wohlan, mein Gott hat mir unwürdigem, verdammtem Menschen, ohne alle Verdienste, lauterlich umsonst und aus eitel Barmherzigkeit gegeben, durch und in Christo vollen Reichtum aller Frömmigkeit und Seligkeit, dass ich hinfort nichts mehr bedarf, denn glauben, es sei also. Ei, so will ich solchem Vater, der mich mit seinen überschwänglichen Gütern also überschüttet hat, wiederum frei, fröhlich und umsonst tun, was ihm wohlgefällt, und gegen meinen Nächsten auch werden ein Christ, wie Christus mir geworden ist, und nichts mehr tun, denn was ich nur sehe, das ihm Not, nützlich und seliglich sein; dieweil ich doch durch meinen Glauben alles Dinges in Christo genug habe."

Siehe, also fließet aus dem Glauben die Liebe und Lust zu Gott und aus der Liebe ein frei, willig, fröhlich Leben, dem Nächsten zu dienen umsonst. Denn zugleich wie unser Nächster Not leidet und unseres Übrigen bedarf, also haben wir vor

Gott Not gelitten und seiner Gnaden bedurft. Darum wie uns Gott hat durch Christum umsonst geholfen, also sollen wir durch den Leib und seine Werke nicht anders, denn dem Nächsten helfen. Also sehen wir, wie ein hochedles Leben sei um ein christlich Leben, das leider nun in aller Welt nicht allein darniederliegt, sondern auch nicht mehr bekannt ist, noch gepredigt wird.

Zum Achtundzwanzigsten. Also lesen wir Lk 2,22, dass die Jungfrau Maria zur Kirche ging nach den sechs Wochen und ließ sich reinigen nach dem Gesetz wie alle anderen Weiber, so sie doch nicht gleich mit ihnen unrein war, noch schuldig derselben Reinigung, bedurfte ihrer auch nicht. Aber sie tat's aus freier Liebe, dass sie die anderen Weiber nicht verachtete, sondern mit dem Haufen bliebe.

Also ließ St. Paulus St. Timotheum beschneiden, Apg 16,3, nicht dass es Not wäre, sondern dass er den schwachgläubigen Juden nicht Ursache gäbe zu bösen Gedanken, der doch wiederum Titum nicht wollte lassen beschneiden, da man drauf dringen wollte, er müsste beschnitten sein, und es wäre Not zur Seligkeit (Gal 2,3). Und Christus, Mt 17,24ff., da von seinen Jüngern ward der Zinspfennig gefordert, disputierte er mit St. Peter, ob nicht Königskinder frei wären, Zins zu geben, und als St. Peter Ja sagte, hieß er ihn doch hingehen an das Meer und sprach: „Auf dass wir sie nicht ärgern, so gehe hin, den ersten Fisch, den du fängst, den nimm, und in seinem Maul wirst du finden einen Pfennig, den gibt für mich und dich.“ Das ist ein fein Exempel zu dieser Lehre, da Christus sich und die Seinen freie Königskinder nennt, die keines Dinges bedürfen, und doch sich unterlässt williglich dient und gibt den Zins.

Wie viel nun das Werk Christo Not war und gedient hat zu seiner Frömmigkeit oder Seligkeit, so viel sind alle anderen seine und seiner Christen Werke ihm Not zur Seligkeit, sondern sind alles freie Dienste, zu Willen und Besserung der anderen. Also sollten auch aller Priester, Klöster und Stifte Werke getan sein, dass ein jeglicher seines Standes und Ordens Werk allein darum täte, den anderen zu willfahren und seinen Leib zu regieren, den anderen Exempel zu geben, auch also zu tun, die auch bedürfen ihre Leiber zu zwingen; doch allezeit vorsehen, dass nicht dadurch fromm und selig zu werden vorgenommen werde, welches allein des Glaubens Vermögen ist.

Auf die Weise gebietet auch St. Paulus, Röm 13,1–2 und Tit 3,1, dass sie sollen weltlicher Gewalt untertan und bereit sein; nicht dass sie dadurch fromm werden sollen, sondern dass sie den anderen und der Obrigkeit damit frei dienten und ihren Willen täten aus Liebe und Freiheit. Wer nun diesen Verstand hätte, der könnte leichtlich sich richten in die unzähligen Gebote und Gesetze des Papstes, der Bischöfe, der Klöster, der Stifte, der Fürsten und Herren, die etliche tollen Prälate also treiben, als wären sie Not zur Seligkeit, und heißen es Gebote der Kirche, wiewohl zu Unrecht. Denn ein freier Christ spricht also: „Ich will fasten, beten, dies und das tun, was geboten ist, nicht dass ich's bedarf oder dadurch wollte fromm oder selig werden, sondern ich will's dem Papst, Bischof, der Gemeinde oder meinem Mitbruder, Herrn zu Willen, Exempel und Dienst tun und leiden, gleichwie mir Christus viel größere Dinge zu Willen getan und gelitten hat, dessen ihm viel weniger Not war. Und obschon die Tyrannen Unrecht tun, solches zu fordern, so schadet's mir doch nicht, dieweil es nicht wider Gott ist."

Zum Neunundzwanzigsten. Hieraus mag ein jeglicher ein gewisses Urteil und Unterschied nehmen unter allen Werken und Geboten, auch, welches blinde, tolle oder rechtsinnige Prälaten sind. Denn welches Werk nicht dahinaus gerichtet ist, dem anderen zu dienen oder seinen Willen zu leiden, sofern er nicht zwingt, wider Gott zu tun, so ist's nicht ein gut christlich Werk. Daher kommt's, dass ich sorge wenig Stifte, Kirchen, Klöster, Altäre, Messen, Testamente christlich sein, dazu auch die Fasten und Gebete, etlichen Heiligen sonderlich getan. Denn ich fürchte, dass in den allesamt ein jeglicher nur das Seine sucht, vermeinend, damit seine Sünden zu büßen und selig zu werden, welches alles kommt aus Unwissenheit des Glaubens und christlicher Freiheit. Und etliche blinde Prälaten die Leute dahin treiben und solch Wesen preisen mit Ablass schmücken und den Glauben nimmermehr lehren.

Ich rate dir aber, willst du etwas stiften, beten, fasten, so tue es nicht in der Meinung, dass du wollest dir etwas Gutes tun; sondern gib's dahin frei, dass andere Leute desselben genießen mögen, und tu es ihnen zugute, so bist du ein rechter Christ. Was sollen dir deine Güter und guten Werke, die dir übrig sind, deinen Leib zu regieren und zu versorgen, so du genug hast am Glauben, darin dir Gott alle Dinge gegeben hat? Siehe, also müssen Gottes Güter fließen aus einem in den anderen und gemein werden, dass ein jeglicher sich seines Nächsten also annehme, als wäre er's selbst.

Aus Christo fließen sie in uns, der sich unser hat angenommen in seinem Leben, als wäre er das gewesen, das wir sind. Aus uns sollen sie fließen in die, so ihrer bedürfen, auch so gar, dass ich auch meinen Glauben und Gerechtigkeit für meinen Nächsten setzen muss vor Gott, seine Sünden zudecken, auf mich nehmen und nicht anders tun, denn als wären sie mein eigen, eben wie Christus uns allen getan hat. Siehe, das ist die Natur der Liebe, wo sie wahrhaftig ist; da ist sie aber wahrhaftig, wo der Glaube wahrhaftig ist. Darum gibt der heilige Apostel der Liebe zu eigen, 1 Kor 13,5: „dass sie nicht suche das Ihre“, sondern was des Nächsten ist.

Beschluss

Zum Dreißigsten. Aus dem allen folgt der Beschluss, dass ein Christenmensch lebt nicht in sich selber, sondern in Christo und seinem Nächsten; in Christo durch den Glauben, im Nächsten durch die Liebe. Durch den Glauben fährt er über sich in Gott; aus Gott fährt er wieder unter sich durch die Liebe, und bleibt doch immer in Gott und göttlicher Liebe. Gleich wie Christus sagt, Joh 1,51: „Ihr wedet noch sehen den Himmel offen stehen und die Engel auf- und absteigen über den Sohn des Menschen.“

Siehe, das ist die rechte geistliche christliche Freiheit, die das Herz frei macht von allen Sünden, Gesetzen und Geboten, welche alle andere Freiheit übertrifft wie der Himmel die Erde. Welche gebe uns Gott recht zu verstehen und zu behalten, Amen.